"Siyasetin matematikçesi bazılarını, matematiğin sonuçları herkesi ilgilendirir."
~M.Y~

Kopenhag 2018

En Demokratik Aritmetik
Tek Bölge Tek Formül
Mutlu Yılmaz

İçeriğin yayına hazırlanması ve genel tasarım:

Ocak 2018-Nisan 2018

ISBN: 978-1717221902

İletişim:

İrtibat Kişisi: Mutlu Yılmaz
Adres: Parkvej 46, 3TV 4600 Danimarka
Tel: 004550164073 (Whatsapp)
E-posta : mutluyilmaz1@hotmail.com

EN DEMOKRATİK ARİTMETİK
TEK BÖLGE-TEK FORMÜL

Mutlu Yılmaz

MUTLU YILMAZ

1979 yılında İstanbul'da doğdu. İlk ve orta öğrenimini tamamladıktan sonra üniversite öncesi öğretim kapsamında bir dönem İngiltere'deki Huddersfield Technical College'de turizm işletmeciliği programına katıldı. 1999 yılında Türkiye'ye döndü ve Akdeniz Üniversitesi Matematik Bölümü'ne kaydoldu.

Mezuniyetin ardından 2013 yılına kadar matematik ve istatistik dallarında öğretmenlik görevlerinde bulundu. Bu süre zarfında dış politika doktrinleri ve oyun teorisi üzerine araştırmalar yaptı, seçim stratejileri ve seçim sistemleri hakkında düşünceler geliştirdi. 2015 yılından itibaren genel konularda da yazmaya başladı. Kıbrıs'ta Türkiye'nin tarihi ve jeostratejik tezleri üzerinde özel olarak çalışmıştır ve bu konuda yayımlanmış bazı makaleleri bulunur.

Haftalık köşe yazıları yazmaya devam etmektedir.

İçindekiler

IV.BÖLÜM

TERCİHLERİN GETİRDİĞİ TUHAFLIKLAR NASIL DEĞERLENDİRİLMELİDİR?

V.BÖLÜM

TÜRKİYE'NİN SEÇİM COĞRAFYASI ÜZERİNDE BİR TASARIM: 1 KASIM 2015 TÜRKİYE GENEL SEÇİMLERİNİN ÇÖZÜMLEMESİ

ÖNSÖZ

Siyaset felsefesinin ana sorularından birisi de en iyi rejimin hangi rejim olduğu sorusudur. Tarihin belirli safhalarında ve bazı memleketlerde, toplumun yerel kurallarının asgari iyiyi sağlama konusunda demokratik bir rejimden daha başarılı olduğu görülmüştür. Bunu destekler mahiyette, demokrasinin bilhassa geçtiğimiz yüzyılda yaşanan toplumsal travmaları önleyebilmekte ne kadar çaresiz kaldığı ve tarihin akışını değiştiren bir dizi talihsiz vakalarda halkın rejiminin, halkları nasıl kurban ettiği de iyi bilinmekte ve hatırlanmaktadır.

Çok ilginçtir bu, oysa günümüzde en ideal toplum hayatının ve pek tabii siyasal yaşamın ancak demokratik bir rejim içerisinde mümkün olabileceği düşüncesi egemendir. Fakat, geçmişteki kötü örnekler; kriz dönemlerinde ve varlık-yokluk mücadelesinin kızıştığı zamanlarda insanoğlunun hayatta kalabilme içgüdüsüyle daha da saldırganlaşması ve tüm zamanlardaki bencil doğası göz önünde bulundurularak demokrasinin "en doğru idare biçimi" olduğu önermesine 2500 yıldan beri çeşitli eleştiriler getirilmiştir.

İnsan merkezli ve insan ürünü olan bu rejimin bir takım ön hazırlıkların yapılmadan hayata geçirilmesi, daha doğrusu merkezindeki insanın ona hazır hale getirilememesi tam olarak öğrenilmemiş bir mekanizmanın kusurlu çalışması hatta hizmet vermesi gerekenlere problemler getirmesi gibidir. Bilinçli toplumun bir yaşam biçimi olarak en kötünün iyisi kabul edilen demokrasinin gerçekten iyi işleyebilmesi için yazılı kurallardan çok içinde evrensel doğruları barındıran yazısız kuralların, saygının ve birlikte yaşama isteğinin daha baskın olması gerekir; ve bunun sadece normal zamanlarda değil en kritik dönemlerde de geçerli olması gerekir.

En iyi rejim hangisidir tartışması belki de hiç bitmeyecek bir tartışma olarak öylece kalacak. O halde biz bugün için tüm insanlığa bir şans daha verelim ve gelişimin belirli aşamayı geçtiğini varsayalım. Toplumun kendisi için en iyi olana yine kendisinin karar verebileceğini ve her rejimde karşılaşılabilecek bazı arızaları da yine bilgeliğiyle gidereceğini kabul edelim.

Demokratik rejimlerin ortak araçlarından birisi olan seçim olgusunu ele aldığım bu kitapta en adaletli dağılımı öngören "Tek Bölge Formülasyonu" nun tanıtımını yaptım. Bu formülasyonun nasıl bir algoritmik mantıkla işlediğini bazı örnekler vererek ve çeşitli ülkelerdeki geçmiş seçimlerle mukayese ederek anlatmaya çalıştım. Ayrıca, ikinci bölümden başlayarak yeri geldikçe parlamenter demokrasi-seçim ilişkilerinden, siyasi partiler sisteminden, alternatif hükümet modellerinden ve Türkiye'nin bu konularda yaşadığı deneyimlerden bahsettim.

Kitabın dördüncü bölümünde seçim matematiğinin karşımıza çıkarabileceği enteresan durumları işlerken bunların bazılarında seçilen algoritmaya bazılarında ise insan faktörüne vurgu yaparak öneriler sıraladım ve bu arada siyasi etik alanında bazı yergilerde bulundum.

Kitabın son bölümünde ise formülasyonun Türkiye'ye bir uyarlamasını göreceksiniz. En adaletli milletvekili dağılımı için gerekli ön çalışmaları, seçim çevrelerinin oluşturulmasını ve seçimlerde kullanılan oyların nasıl bir algoritma ile değerlendirileceğini izah ettim. Yine aynı bölümde, bu yeni sistemi 1 Kasım 2015 genel seçimlerindeki sonuçları baz alarak mevcut seçim haritası üzerinden göstermeye çalıştım.

Buradaki çalışmaların sizlerde, salt istatistiksel verilerin yorumlandığı ve ülkelerin tercihlerinin değersiz gösterildiği gibi bir izlenim bırakmasını istemem. Elbet hepsi de bir ihtiyaca cevap verebilmek adına değerli bilim insanları veya düşünürler tarafından ortaya konulmuş değerli reçetelerdir. Hepsinden de öte bir emeğin ürünü olmaları yönüyle kıymetlidirler.

Kitabın sonuna bir de küçük lügatça ekleyerek nispeten az bilinen veya bizim çalışmamızla oluşmuş kavramları içeren fakat sık sık kullanılan terimleri toplu halde sunmak istedim. İhtiyaç duyduğunuzda oradan da istifade edebilirsiniz.

Siyaseti ve matematik dilini sevenlerin çok daha büyük bir zevk alarak okuyacağını düşündüğüm bu kitapta herkesin seveceği bir anlatım tarzı seçerek bir çoğunuzun ilgisini yakalamaya ama daha da önemlisi konuya yabancı olanların buradakileri anlamasına özen gösterdim. Arzu etmeniz halinde kitabımızın herhangi bir bölümünden de başlayabilirsiniz; ancak ben yine de en başından sabırla okumanızı tavsiye ediyorum.

Çabalarımın insanlığa bir yarar getireceği umuduyla sizlere iyi okumalar diliyorum.

Göstermiş olduğunuz sabır ve ilgiye teşekkür ederim.

MUTLU YILMAZ
Nisan 2018, Kopenhag

I.BÖLÜM

SİYASİ VARLIK İNSAN VE EN İNSANCIL OLANLAR ÜZERİNE

Yeryüzünde hiçbir insan yoktur ki, aidiyet taşıdığı toplumun onu görmezden gelmesine rağmen mutlu olsun ve kendisini güvende hissetsin.

Mülkiyet hakkının ve genel güvenliğinin temini için tarihin hemen her döneminde, olabildiği ölçüde yönetime yakın olmayı seçen insan, bu nedenle kaçınılmaz olarak siyasal bir varlıktır. Bu zorunluluk hali, mutlak rejimlerin yerlerini anayasal monarşilere ve cumhuriyetlere bırakmaya başladığı son iki yüzyılda daha başka bir boyut kazanmış; demokrasi sayesinde halk kendi kurallarını koyabilme gücünü elde etmiştir.

Halkın kuralları koyması, koyduğu kurallar çerçevesinde bir idarenin yürütülmesi ve tüm bunların denetiminin yine halkın adına bağımsız bir muhakeme ile yapılması onu bu rejimde en yukarıya taşımıştır. Şeklin meşruti monarşi ya da cumhuriyet olmasının vatandaş birey üzerinde pratikte bir farkı yoktur. Neticede birey artık daha belirleyici bir rol üstlenmiştir. Kuralların onun istediği gibi düzenlenmesi, hizmetlerin yine ona uygun olarak icra edilmesi ve ihtilaf durumlarında üçüncü bir mercinin yine o-nun adına adil bir çözüm bulması en doğal hakkıdır.

Günümüz insanı, bu karar aşamalarının ikisinde dolaylı olarak söz hakkını elinde tutar; o nedenle ait olduğu toplumun bir ferdi olarak fikirlerinin sorulmasını, değişimde pay sahibi olmayı ve her şartta asgari haklarının tıpkı diğer vatandaş bireyler gibi korunmasını talep edecektir. İşte bu doğal aidiyet ya da ortaklık durumu ve ondan doğan haklar, bireyi "var etmeye" yetecektir. Her ne şekilde düşünüyorsa düşünsün bunun bir karşılığı olacağının, herşeye rağmen tercihinin dikkate alınacak olmasının yerinde bir özgüvenini; ayrıca iyi olanlarda kendisinin de pay sahibi olduğu farkındalığıyla haklı bir onuru taşır.

Asli olarak kural koyucu, denetleyici ve çoğu zaman bunlara ek olarak icra makamı olan meclislerin teşekkülü sırasında bu hakikatin gözetilmesi o yüzden çok önemlidir. Çünkü halk kural koyucu gücün parçası olduğunda, hizmetkarının ve hakemlik yapacak olanın sınırlarını belirlemiş demektir; ancak bu işin eksiksizce olabilmesi için tüm düşünce gruplarının orada "var olması" gerekir. Kurallar, buna uyumlu işleyen icraat ve kararlar bazen tek tek bireylerin düşündüğünün ötesinde de olabilir fakat yine de temel hak ve özgürlüklerin garanti altına alındığı bir sistemde böyle aksaklıklar esas hakkında bir sorun teşkil etmez, sadece bir detaydır.

Sonuçta "var olduğunu" ilan eden bireyler bilirler ki, mekanizma bir bütün olarak çizdiği yolda büyük sapmalar yapmadan ilerleyecektir.

Aristotales'e göre iyi bir rejim sevgi, sadakat ve dostluk temeline oturur. Bu üçünün bileşiminde bir rejimin ne kadar iyi olduğundan söz edilebilir. Burada ve daha birçok yerde olduğu gibi en iyi rejimin kesin bir tanımı yoktur; fakat evrensel bir şablon pek tabii oluşturulabilir. O açıdan ele alındığında demokrasinin de peşinen bir kabulü söz konusu değildir; hatta hem Aristo hem de hocası Platon çoğu pasajlarda, demokratik olduğu zannedilen rejimlerin insanların başına neler getirdiğini ve getirebileceğini geçmiş dönemlerden örnekler göstererek anlatmışlardır.

Çokluğun bir araya gelerek yozlaşmaya daha az açık olduğu, çok sayıda kişinin ittifak ettiği fikirlerin daha sağlam köklere sahip olduğu düşüncesi de her zaman geçerli olmayabilir. Çoğunluğun olduğu yerde bireylerin karar alma aşamaları tek tek irdelendiğinde bazen bunun hür bir iradenin sonucu olarak değil yükselen değere, popüleriteye ve daha da vahimi toplumsal baskıya bağlı bir yönelimin sonucu olarak gerçekleştiği ortaya çıkacaktır.

Böyle bir durumda aykırı pozisyonda kalan birey-vatandaş en iyi insan-en iyi vatandaş profiline uymaz. Oysa rejim tartışmaları sırasında sürekli savunulan teze göre ancak en iyi, en ideal rejimde en iyi insan yine en iyi vatandaştır. Anlaşılan o ki, burada ya rejim kusurludur yada bireyin kendisi.

En iyi rejimde insanlar mutludurlar, yarın kaygıları diğer rejimlerdekine göre daha asgari düzeydedir. Yalnız bunların mümkün olabilmesi için bir şartın sağlanması gerekiyor; o da her bir ferdin zamanın imkanları ölçüsünde hukuki tanıtıya sahip olması. Bu hukukun her zaman yazılı bir formda olması gerekmez; fakat yöneten-yönetilen veya hükümdar-beraya-tebaa-reaya arasındaki ilişkiyi bir düzene koyması gerekir. Günümüze oldukça uzak ve bir o kadar da kötü bir insanlık evresi olan Orta Çağ'daki feodal rejimlerde bile bu böyledir, en alttaki kişinin hakları ve ödevleri bellidir.

Bütün bunların ötesinde rejim ve vatandaş arasında bir önemli çatışma argümanı daha vardır. O argümanın soru kalıbı şudur:

Vatandaş mı daha özgür olmalıdır yoksa rejim mi güçlü kalmalıdır?

Dikkat edilirse "rejim" kavramı burada da ucu açık bir

kavramdır. Platon'a göre "Filozofların kral ya da kralların filozof olduğu" yani liyakat ve bilgeliğin yönetici erk için gerek şart olduğu bir rejimle bu mümkün olabiliyor ve doğal olarak böyle bir rejimin vatandaşları en mutlu vatandaşlar oluyorlar. Modern tarihte ise demokrasinin öne çıkarıldığını görüyoruz.

Demokrasinin temsili demokrasi formunda görüldüğü ülkelerde vatandaşlar serbest seçimler yoluyla temsilcilerini seçerler. Seçim, demokrasi için herşey demek değildir; fakat temsili demokrasilerde oldukça önemli bir araçtır ve başından sonuna kadar titizlikle takibinin yapılması gerekmektedir.

Parlamentoyu esas alan demokratik bir rejimde genellikle yanlış bir anlayışın ürünü olarak, halkın bir hükümet seçtiği çıkarımı yapılır. Oysa bu, parlamentocu bir sisteme tamamen ters bir anlayıştır ve kesinlikle bir kenara bırakılmalıdır. Parlamenter demokrasilerde vatandaşlar hükümeti seçmiş olmazlar. Nitekim seçim sonuçlarına göre, hükümet için birden fazla kombinasyon mümkündür; o nedenle takıntı halini almış "Hükümet ne zaman kurulacak?" sorusu buradaki esas soru değildir. Esas olan parlamentonun halkın genel eğilimine uygun bir biçimde oluşmasıdır ve seçimlerde kullanılan yöntemlerle bunu sağlanması gerekmektedir.

Parlamentarist ya da değil, demokratik bir rejimde iki soru ön plana çıkar. Birincisi, vatandaşın kendi kendine sorduğu "Niçin oy kullanıyorum?" sorusudur. İkincisi ise, siyasi partilerin ve vekil adaylarının seçim öncesinden başlayarak, seçilebilsin ya da seçilemesin farketmez yasama dönemi boyunca "Nasıl daha iyi hale getirebiliriz?" şeklindeki bir tartışma sorusudur.

Bilhassa parlamenter demokrasilerde, hükümetin parlamento içinde oluşturulduğu ve yine ona karşı sorumlu olduğu göz önüne alındığında, yasama dönemi boyunca tüm yapılan ve yapılmayanlardan parlamenterlerin tamamı aynı ağırlıkta olmasalar bile sorumludurlar. Seçimi kazanamamış siyasiler de dahil olmak üzere herkes "Nasıl daha iyi yapılabilir?" sorusu üzerine yoğunlaşmalı, o çerçevede fikirler sunmalıdırlar. Çalışmalardaki ana yaklaşım usulü bu olmalıdır; bunun aksi bir yaklaşım mesela her fırsatta hükümetin işleyişine engel olmak gibi bir yaklaşım benimsenmişse, yasama organının işleyişi de bozulacaktır.

Sonuçta yürütme organı olan hükümet veya daha spesifik anlamda kabine, yasama organının yani dolaylı olarak halkın çizdiği daire içerisinde hareket etmek zorunda olan hizmetçiler kümesidir. Bu sebeple kimin hükümet olacağı, kabinede kimlerin yer alacağı tartışmalarının hastalıklı bir boyut kazanması anlamsızdır. Ayrıca, yenice oluşturulmuş ve güvenoyu almayı başarmış bir kabineye de belirli bir süre fırsat tanınmalı ve bu süre zarfında eski meseleleri çok fazla gündeme getirmeden yardımcı olunmalıdır.

Esasen, parlamenter sistemde kabine görevine başladıktan bir süre sonra muhalif blok için izlenebilecek rasyonel yöntemler kendiliğinden ortaya çıkacaktır. Parlamentonun üstlendiği denetleme görevinin dışında, kabine üyelerini bire bir markaja alarak yapılacak etkinlikler bu yöntemlerden birisidir. Söz gelimi; muhalefetteki her partinin kendi başına oluşturacağı alternatif bir denetleyici bakanlar kurulu adeta bir "Gölge Kabine" gibi faaliyet göstererek hem hükümetin işleyişine destek olur hem de alternatifinin hazır olduğunu, gerektiğinde bir gensoru ile mevcut hükümet düşürüldüğünde yeni gelecek bakanlar kurulunun kimlerden oluşacağı hakkında fikir vermiş olur.

Bu tür yöntemlerin izlendiği bir parlamentoda günlük siyasi çekişmeler ana belirliyici değildir, daha çok ideolojik konumlanmalar yani uzun vadeli hesaplar ve planlar genel durumu belirler. Öte yandan, parlamenter demokrasilerde yasama ve yürütmenin tam olarak ayrışamaması gibi, bir anlamda handikap kabul edilen zaaf noktalarını da dikkate almak gerekir. Bazı ülkeler, yasama ve yürütmenin iç içe geçmesi (*fusion of powers*) sorunsalına parlamentarist geleneğin içerisinde kalarak bir takım çözümler getirmeye çalışmışlardır. Çoğunlukçu esası benimsemiş bazı yerlerde ise bu bir sorunmuş gibi durmaz, olağan bir durum olarak kabullenilir ve ona göre bir ekol oluşur. Bu anlamda, kuvvetlerin daha belirgin bir biçimde ayrıştığı Hollanda ile kuvvetlerin iç içe geçtiği, kaynaştığı Birleşik Krallık iki farklı ekolün temsilcileridirler.

Bütün endişelerin kaynağı olarak "Hükümet sorunu/ bunalımı" yeniden ele alındığında eski kalıpları kıracak bazı yeni öneriler getirilebilir. Hükümetin kurulması basit bir aritmetik çoğunluğa sahip olmaktan ziyade ilkelerde uyumun sağlanması işidir. Avrupa'nın bazı ülkelerinde hükümet oluşturma süreci bazen aylarca sürer. Fakat ne olursa olsun bir takıntı ya da panik hali ortaya çıkarmasına müsaade edilmemelidir. Sancılı dönemler atlatıldıkça bağışıklık kazanılacaktır; ancak zorluklarla oyunun kuralları içerisinde mücadele etmektense sistemi yaralama pahasına yeni modeller ortaya koymak iyi bir çıkış yolu olmayacaktır. Panik haliyle hükümet sistemi üzerinde yapılacak acele değişikliklerin beraberinde yeni sorunlar getirmesi de muhtemeldir.

O halde hükümet, ilkelerde uyumu sağlayabilecek partilerin bir araya gelmesiyle oluşmalı ve buna katkı sağlamalıdır. Bir partinin parlamento çoğunluğunu elde edemediği ve koalisyon seçeneklerinin zorlaştığı her durumda bu geçerlidir. Bunun en güzel örneği de *azınlık hükümeti* formülüdür. Bu formülde diğerlerinin aksine yürütme aynı zamanda yasamayı tahakküm altına alamıyor ve kuvvetler ayrılığı doğal yoldan ve daha belirgin olarak gerçekleşiyor. Hükümetin görevi bellidir ve üzerinde etkin bir parlamento denetimi vardır. Güvensizlik oyuyla düşürülse bile yeni hükümetin kuruluşuna kadar görevine devam eder. Bakıldığında, en ideal parlamentarist rejimlerde dahi bir yasama dönemi boyunca birden fazla hükümetin işbaşına geldiği görülebilmektedir. Böyle bir mekanizma korkulan değil düşünülmesi gereken, sistemin kendi içinden çıkan zenginlik olarak değerlendirilmelidir.

Yasama döneminin başından sonuna kadar parlamento içinde ve hatta parlamento dışında yapılabilecek daha birçok etkin söz konusudur ve bütün bu etkinliklerin seçmen nazarında bir karşılığı olacaktır kuşkusuz. Demokratik rejimleri diğerlerinden ayıran önemli bir araç da seçimlerdir. Seçim tarihi yaklaştıkça doğal olarak tartışmalar ve makul ölçüler içerisinde atışmalar da yoğunlaşır.

Seçim söz konusu olduğunda tam bir bilmeceyle karşı karşıyayızdır. Bazen hiç umulmadık sonuçlar da çıkabilir ve uzmanlar herşey olup bittikten sonra bunu açıklamaya, bir mantık çerçevesine oturtmaya uğraşırlar. Medyada, akademilerde, kulüplerde, kıraathanelerde ve daha birçok yerde seçim sonuçları analiz edilir. Farklı kelimeleri kullansalar da yapılan tespitler özünde hemen hemen aynıdır:

"HALK YANILTMIŞTIR"

Bu çıkarıma toptan karşı çıkılamaz ve genel yaklaşım adına doğrudur da belki ama "Halk" kelimesinin kurulacak her cümlede özne yapılması bir alışkanlık haline geldiğinde, ileride onun uğruna yapılacak dayatmaları da meşru gösterebilir... Böyle bir risk her zaman mevcuttur ve demokrasilerin bozularak bir çeşit çoğunluğun tiranlığı haline gelmesi de bu açıktan kaynaklanmaktadır. O nedenle, yorum ve analizlerde "Halk" öznesini kullanarak oluşturulacak hiçbir söylem bilimsel değildir, olsa olsa siyasetçilerin popülist retoriklerinin bir argümanı olabilir. Neticede, seçim sonuçlarının öngörülememesi bir yana, ortaya çıkan sonuçlar üzerinde geriye dönük değerlendirmelerin bu kadar özensiz ve yüzeysel yapılması da kendi başına bir yanılgı olacaktır. Daha doğrusu insanlar yanlış bilgilendirilmiş olacaktır, çünkü analiz eksiktir.

Hangi sosyal statüde olursa olsun toplumu oluşturan bireylerin bir bölümü tercihlerinde oldukça katıdır. Bu tutum kesinlikle değiştirilemez değildir ancak yine de çok zordur. Bu seçmen grubu belli bir yüzdeye kadar her kesimden mevcuttur. Partiler "kemik oy" olarak ifade edilen bu seçmen grubuyla normal şartlar altında fazlaca vakit kaybetmek istemezler.

Bu kitleyi de içine alan fakat yakın ideolojilerdeki diğer partilerle geçişkenlik halindeki "taban" ise ortalama bir durumda partinin alabileceği oyu söyler. Tabandaki kayma, hele hele farklı ideolojideki partilere kayma, kısa dönemlerde olacak bir değişim değildir. Bunun olabilmesi için ya olağanüstü bir olayın yaşanması ya da partilerin ideolojik konumlarında bazı değişimlerin olması gerekir.

Seçimlerin kaderini ise genellikle kararsızlar ve tabandaki tepki oyları belirler. İşte demokrasilerde seçim, bu arada kalanları kendi tarafına çekme meharetidir bir anlamda. Her seçim sonrasında, geçmişteki seçim sonuçlarıyla birlikte genel bir değerlendirme yapmak tabandaki kaymaları daha iyi ölçebilmek açısından daha iyi bir göstergedir. Kararsız seçmen ve tepkisel seçmen hemen o seçim için ön plandadır ve analiz ağırlıklı olarak onların üzerinden yapılır; ancak daha yavaş bir seyirde gerçekleşen tabandaki değişimler pek konuşulmaz.

Ne var ki, değişim her alanda olduğu gibi burada da kaçınılmaz bir biçimde karşımızdadır. Birey yani seçmen değişebilir, zamanın ve şartların zorlamasıyla tercihler değişebilir, neslin yenilenmesi ve göç-savaş gibi etkenlerle yeni eğilimler ya da farklılıklar ortaya çıkabilir. Çok yönlü bir değişimdir bu ve siyasi kuruluşlar da bu değişimden paylarını alabilirler, alacaktırlar.

Kuşkusuz bir siyasi partinin ideolojisi, genetik kodları vardır ve örgütlenmesinden, olaylara bakışına kadar bunun etkileri görülür. Fakat, toplumu sürükleyen genel değişimler burada da bir şeyleri zorlayacaktır. Siyasi parti veya siyasi akım ya değişimin rüzgarına kapılmadan ideolojik restorasyona girecek ve yeni bir vizyonla toplumun karşısına çıkacak ya da geliştireceği yeni söylemlerle çözüm yolları ortaya koymaya çalışacaktır. Her ne şekilde olursa olsun ihtiyaca cevap vermek gibi bir zorunluluğu vardır, değişime esaslı bir direniş gösteremez. Siyasi parti merkeze yakın konumlanmış bir parti ise şayet söz konusu olan bu mecburi manevraları daha rahat yapabilir, ama siyasi yelpazenin uç noktalarına gidildikçe hareket kabiliyeti daralacaktır. Hiçbir yenilik yapmadan şartların yeniden kendi lehine dönmesini beklemek de bir seçenektir; yalnız merkeze yakın partiler için değişime kayıtsız kalmak siyaset sahnesinden tamamen silinmelerine bile mal olabilir. O nedenle merkez partiler için fazlaca bir seçenek yoktur, yenilik yapmak zorundadırlar. Ayrıca, bu tip yenilikleri basit manada bir popülizm olarak kategorize etmek de yanlıştır; zira yapılan iş aslında güne uygun politika üretme işidir.

İşte bütün bu nedenlerden ötürü yarım asrı aşmış partilerde genetik kodlarında dahi bir takım çözülmeler beklenmelidir. Bu aşamada üretilecek yeni politikalar etrafında başlangıç ideolojisini inkar etmeyen fakat daha özgün yeni bir düşünsel mevzi yakalanmış da olabilir. Ve böylelikle savunulan değerler manzumesinin daha güçlü bir şekilde gelecek dönemlere taşınmasının da önü açılabilir. Bu noktada çoğu insana ilginç gelecek iki saptamada daha bulunmak mümkündür.

Birincisi, serbest seçimler yoluyla iktidarını uzun süre koruyan bir partinin bu süre zarfında geçirdiği başkalaşım. Birkaç dönem üst üste hükümet kurabilen bir partinin, yürütme faaliyetleri sırasında gösterdiği başarının dışında değişime ayak uydurabilme hususunda da başarılı olduğu bir gerçektir. Neticede parti isim olarak halen iktidardadır; ancak bir ihtimal fikirsel anlamda iktidarın yapısında farklılıklar oluşmuştur. İktidar, uzun yıllar içerisinde kendi tabanındaki oy kayıplarını belki de daha fazlasıyla diğer kesimlerden telafi ederek durumunu korumuştur. Buradaki başarı, partinin toplumla eş zamanlı ve aynı istikamette bir dönüşüm geçirmiş olması veya en azından yeni politikalar konusunda toplumu ikna edebilmiş olmasıdır.

İkincisi, muhalefetteki partilerin tutumu. Bir muhalefet partisinin şüphesiz sahip olabileceği en iyi araç hükümettir. Muhalefet blokundaki bir parti sanki iktidardaymış gibi etkin denetleyici-yol gösterici işlev üstlendiğinde ve bu arada fikirsel devinimini de layığıyla gerçekleştirebildiğinde iktidar için sıra artık kendisine gelmiş demektir. Tutarlı politikaların üretildiği bir ya da birkaç dönemin sonunda çoğunluğu ikna edebilmek daha olanaklı hale gelecektir ki, son kritik dönemeçler burada başlar. Bu aşamada, iktidara hazır hale gelmiş bir muhalefet partisi çelişkili eylem ve söylemler ortaya koymaya başlarsa sırasını kaybedebilir. Hemen iktidar olabilmek için yapılacak aşırı hareketler seçmenlerin bir kısmının kafasını karıştırabilir ve parti adına daha uzun sürecek belirsiz bir durum ortaya çıkarabilir; çünkü seçmen gerçekten de çok doğru bir benzetmeyle adeta ürkek bir kuştur.

Partiler ve ideolojiler ölçeğinde iktidar - muhalefet ilişkisinin özeti budur. Her parti yapılacaklar ve yapılmayacaklar hakkında bir öneri sunmak zorundadır, dolayısıyla yönetmeye adaydır. Aristo'ya göre de rejim, rakip ideale sahip hiziplerin bir mücadelesidir. Siyaset biliminin buradaki amacı hizipleri uzlaştırmak, devrime veya iç savaşa neden olabilecek uyuşmazlıkları ortadan kaldırmak, çatışmalı durumlara karşı bir arabuluculuk formu oluşturmaktır.

Dördüncü kuvvet olarak tanımlanan medyanın rolü ve kullanımı da yine hassas bir öneme sahiptir. Medya gücünü abartılmış biçimde sadece siyasi iktidarların bir aygıtı olarak kullanmaktansa, diğer üç kuvvetten farklı bir kategoride değerlendirmek daha doğrudur. Medya, bir opera oyunundaki koro gibidir; yani toplumun vicdanı, herkesin ortak sesidir... Diğer üçünden farklı olarak herhangi bir yaptırıma sahip değilse de, tanımına uygun işlediğinde birçok şeyi değiştirebilme yetisine sahip olur.

EN DEMOKRATİK ARİTMETİK

Demokratik bir rejimin hakikaten "Demo"nun yani halkın yararına işleyebilmesi için belirli bir seviyenin yakalanması gerekiyordu... O seviye yakalandığında yasama-yürütme-yargı birbirlerinden ayrı fakat bir hiyerarşiye göre çalışacak; ihtilaflı çoğu alanlarda ise yazılı kurallardan önce yazılı olmayan kurallar ve bir takım teamüller yardımıyla tıkanıklık açılacaktır. Ve en nihayet; uyumun sağlandığı, topyekün sistemin bireylere güven telkin ettiği bir ülkede medya da toplum vicdanını yansıtacak ve böylece demokrasi oyunu teatral bir gösteriye dönüşecektir.

İşte buradaki oyun kurucu yasama organıdır ve o tanımlandığı şekliyle halkın özeti olduğunda, bir başka ifadeyle her türden eğilimleri ile halk orada temsil ediliyor olduğunda, gösterinin başlaması için şartlar hazır demektir.

II.BÖLÜM

TEMSİLDEKİ SORUNLARA ALTERNATİF ÇÖZÜMLER, TEK BÖLGE FORMÜLASYONUNUN TANITIMI VE TÜRKİYE'DE PARLAMENTARİZM MÜCADELESİ

YALIN BAKIŞ AÇISIYLA BİR TEMSİL PROBLEMİ

Çok sade bir örnek vererek başlayalım.

100 adet alt bölgeden oluşan büyük bir bölge ve buradaki insanları temsil etmek üzere yarışan 500 milletvekili adayı olsun. Ayrıca her alt bölgenin eşit sayıda seçmene sahip olduğunu da varsayalım. Buna göre, alt bölge başına 5 milletvekili düşecektir.

Bu çerçevede üç partinin seçimlere gireceğini ve kullanılan her oyun temsilde bir karşılığının olacağını kabul edelim.

Oy dağılımı şu şekilde gerçekleşmiş olsun:

A partisi : %50
B partisi : %30
C partisi : %20

Doğal olarak milletvekilliklerini şu şekilde paylaşacak-
lardır.

A partisi : 250
B partisi : 150
C partisi : 100

Yine aynı mantıktan hareketle A partisinin her alt bölge-
den 2,5 milletvekili, B partisinin 1,5 milletvekili ve C par-
tisinin de 1 milletvekili çıkaracağını söyleyebiliriz. Aslın-
da bu bir ortalamayı bize söyler, gerçekte ise şuna benzer
bir paylaşım modeli ortaya konulabilir.

İlk adım ;

C partisi her alt bölgeden 1 milletvekili çıkarıyor.
C : 100
B partisi her alt bölgeden 1 milletvekili çıkarıyor.
B : 100
A partisi her alt bölgeden 1 milletvekili çıkarıyor.
A : 100

İkinci adım ;

C partisi milletvekili çıkartamıyor.   (C: 100)

B partisi en çok oy aldığı 50 alt bölgeden 1´er milletvekili daha çıkarıyor.   (B : 150)

A partisi her alt bölgeden 1´er milletvekili daha çıkarıyor.   (A: 200)

Üçüncü adım ;

C partisi milletvekili çıkartamıyor.   (C: 100)
B partisi milletvekili çıkartamıyor.   (B: 150)

A partisi kalan 50 milletvekilliğinin hepsini alıyor.
          (A: 250)

Üç partinin seçime katıldığı ve bağımsız milletvekillerinin olmadığı bir simülasyonda parlamento aritmetiği bu şekilde oluşuyor. Verilen örnekte paylaşım üç adımda tamamlanıyor ancak daha fazla sayıda siyasi partinin ve bağımsız adayın olduğu bir seçimde geçerli-geçersiz oylar ve yurtdışı-gümrük oyları gibi faktörlerin etkisiyle bu adımların sayısı da artabilir; ancak modeldeki esas özellik siyasi partilerin aldıkları oy yüzdeleri nispetinde millet-vekili kazanabilmesidir.

Şimdi içerisinde bağımsız adayların da olduğu ama tüm oyların yurt içinden geldiği ikinci bir senaryoyu ele alalım.

Dört siyasi partinin ve çesitli alt bölgelerden beş bağımsız adayın yarıştığı bir seçim olsun.

Partilerin oy dağılımı şu şekilde.

A: %45
B: %20
C: %15
D: %15

Bağımsızlar ise aşağıdaki gibi oylar alsınlar.

1.Bağımsız aday : %1.1
2.Bağımsız aday : %0.5
3.Bağımsız aday : %0.4
4.Bağımsız aday : %0.9
5.Bağımsız aday : %2.1

Geçersiz oyların olmadığını yani kullanılan her oyun geçerli olduğunu ve bağımsız adaylar için barajın %0,5 olduğunu varsayalım. Bu durumda parlamentoya 4 bağımsız milletvekili giriyor demektir. O halde, geriye kalan 496 a-det milletvekilliğini seçime giren siyasi partiler oyları nispetinde kendi aralarında paylaşacaklardır.

Partiler toplamda elde ettikleri yüzde 95'lik oyla 496 vekilliği aralarında ağırlıkları oranında paylaşacaklardır. Bu hesaba göre her yüzdelik dilim 5,22 milletvekiline karşılık gelmektedir. Şimdi partilerin paylaşımına bir göz atalım.

$$A : \% \ 45 \ .... \quad 45x \ (5,22) \ = \ 234,9$$
$$B : \% \ 20 \ .... \quad 20x \ (5,22) \ = \ 104,4$$
$$C : \% \ 15 \ .... \quad 15x \ (5,22) \ = \ \ 78,3$$
$$D : \% \ 15 \ .... \quad 15x \ (5,22) \ = \ \ 78,3$$

Kazanılan milletvekilliklerinin tam kısımları toplandığında 494 ediyor, yani 2 milletvekilliğinin daha paylaşılması gerekecek. Söz konusu kalan iki milletvekilliğini ise ondalıklı kısımları daha büyük olan iki parti (A ve B partileri) kazanır ve nihai sonuç şu şekilde ortaya çıkar.

EN DEMOKRATİK ARİTMETİK

Partiler	Oy yüzdesi	Kazanılan vekil sayısı
A partisi	45	235
B partisi	20	105
C partisi	15	78
D partisi	15	78
Bağımsızlar	5	4
Toplam	100	500

Aşağıdaki grafikte de görüldüğü gibi meclise giren hiçbir parti salt çoğunluğu elde edememiştir. Ancak partilerin meclisteki temsil yüzdeleri seçimde aldıkları oy yüzdelerinin biraz üzerindedir. Söz gelimi, A partisi yüzde 45 almasına rağmen meclisteki ağırlığı yüzde 47 olarak gerçekleşmiştir. Diğer partilerde de aynı şekildedir. Siyasi partilerin lehine gerçekleşen bu durumun nedeni, bağımsız adayların 0.5 puanlık barajı tutturamayan oylarıdır. Söz konusu barajın altında kalan veya barajı aşan tüm oylar siyasi partiler tarafından paylaşılmıştır.

Oy oranları-parlamento yüzdesi ilişkisi üzerine şu yorumu yapmak yerinde olur :

Bağımsız aday/adayların olduğu her seçimde, siyasi partiler aldıkları yüzdelerin üzerinde bir oranda parlamentoda temsil hakkı elde edeceklerdir.

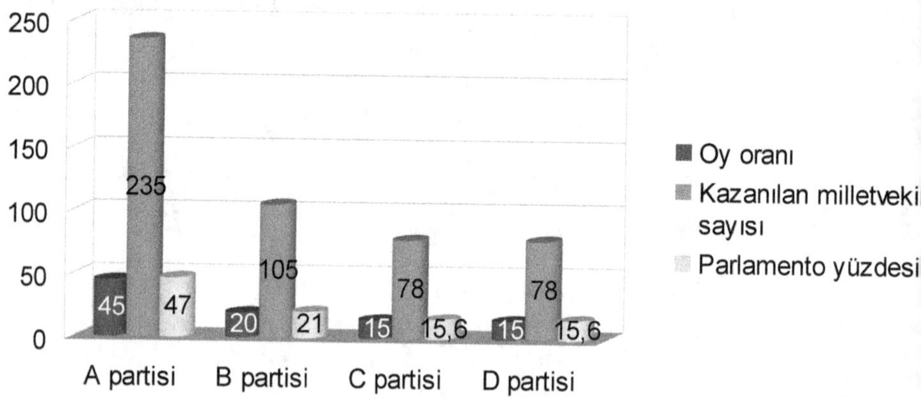

HÜKÜMETİN KURULMASI

Hükümet salt çoğunluk olan 251 güvenoyu ile kurulacaktır. Seçimde ülke barajı olmayacağı ya da yüzde 1 gibi oldukça makul bir seviyede olacağı için az oy almış partilerin adayları da parlamentoda yer alacaktır. Her halükarda yasama organı ile yürütme organının karşılıklı olarak sağlıklı teşkili burada çok önemlidir.

Sistemin çalışabilmesi ve en kritik durumlarda dahi yürütmenin muntazaman işleyebilmesi açısından bazı kuralların oluşturulması ama en az onun kadar önemlisi demokrasi kültürünün oluşması, teamüllere riyaet edilmesi gerekmektedir.

EN DEMOKRATİK ARİTMETİK

Seçim aritmetiği şuna elvermelidir :

Birinci olarak temsilde adaleti sağlamalı dolayısıyla u-
lusal iradeyi en net yansıtacak şekilde yasama organı yani
parlamentoyu oluşmalıdır. İkinci olarak ise yürütme orga-
nı yani hükümet görece rahat kurulabilmeli ve çalışabil-
melidir. Türkiye'de şu anda uygulandığı haliyle "barajlı
d'Hondt sistemi" diğer değişkenlerin de elvermesi duru-
munda birinci gelen partiye ciddi anlamda avantaj sağla-
makta ve bu şekilde hükümetin kurulmasını kolaylaştır-
maktadır. Ancak, meclisin oluşması için verilen oylar kar-
şılık bulamamakta dolayısıyla temsiliyet noktasında ciddi
soru işaretleri ortaya çıkmaktadır.

Yasama organında belirleyici kriter olarak nicelik, yü-
rütme organının teşkilinde ise nitelik esas alınmalı. Parla-
menter sistemlerde, hükümetler parlamentolara karşı so-
rumludurlar. O nedenle, azınlık hükümeti hatta güvenoyu
alamamış bir hükümetle dahi sistemsel bir sorun oluşma-
yacaktır.

Parlamenter demokratik sistemin işlediği birçok ülkede
yaygın biçimde görülen bir başka hatalı yaklasım ise par-
lamento seçimlerini hükümet seçimi endeksli yorumlama
yaklaşımıdır. Yorumlama, parlamentarizmin yeterince ö-
zümsenememesinden dolayı ve çoğu zaman bilimsellikten
de uzak olduğu için seçimlerin hemen ertesi günü hükü-
met krizleri ortaya çıkmaktadır.

Bilindiği halde gözden kaçırılan bu gerçeğe, seçimlerin hükümet seçimi değil milletvekili seçimi olduğu gerçeğine ters hareket ettiğimiz için krizlerden kurtulamıyoruz.[1] Bir etkinlikte ancak ve ancak amacın ve buna bağlı kurallar bütününün iyi anlaşılabildiği ölçüde ortaya çıkabilecek "sistemsel yan etkilerden" kaçınmak mümkündür. Burada seçimin esas amacı, yasama organının oluşturulmasıdır; ulusal irade olarak tanımlanan soyut gücün somut temsilcilerinin (milletvekillerinin) belirlenmesidir. Yürütme organının yani bir hükümetin şekillenmesi ise yine çok önemli fakat ikincil bir amaç olarak ele alınır ve oluşacak parlamento aritmetiğinin yardımıyla halledilir.

Benzer şekilde; parlamenter demokrasinin olduğu hemen hemen birçok ülkede parlamento seçimlerinin, "başbakanlık yarışı" havasında geçtiğini de göz önünde bulundurmak gerekiyor. Söz konusu algının toplum ve siyasetçi üzerindeki yoğun etkisinin parlamentocu tezi baltalayan başlıca bir unsur olup olmadığı da ister istemez sorgulanmaktadır.

İşte parlamentarizm(parlamentoculuk) çerçevesinde bakıldığında ilk anda bunun halen bir çelişki oluşturduğu düşünülebilir; ancak öyle değildir. Çünkü seçime katılan her siyasi parti teorik olarak iktidara ortak olabilmek, hatta

---

1) 16 Nisan 2017 tarihli referandumun sonucuna göre Türkiye'deki hükümet sistemi değişmiştir.

mümkünse tek başına iktidar olabilmek için mücadele etmektedir... O nedenle seçim dönemlerinde kullanılan bu minvaldeki bir takım propoganda yöntemleri de belli bir noktaya kadar anlaşılabilir.

Temel yaklaşım olarak şunları söylemek parlamenter demokrasinin ruhuna aykırı düşmeyecektir:

Seçimlerin esas amacı yasa yapıcı, denetleyici ve ülkenin hayati karar aşamalarında en belirleyici organı olan meclisini oluşturmaktır. Siyasi partiler iktidar olabilmek adına topluma çeşitli vaadlerde bulunurlar ve her partinin lideri potansiyel bir başbakandır. Politikayı belirleyip, yürütecek olan organ hükümet olduğundan partiler meclisteki çoğunluğu elde ederek vaad ettikleri programı uygulamaya çalışacaklardır. Özel olarak; siyasi partiler için seçim yarısı hükümet olma yarışıdır. En genel manada ise seçim yarışı halkın temsilcilerinin belirlenmesi işidir.

Toparlamak gerekirse; yapılan iş esas olarak yasama organının ve yine ona karşı sorumlu fakat kendi içerisinden teşkil edilecek yürütme organının belirlenmesi işidir. Hükümetin başının kim olacağı ve bakanlar kurulunun kimlerden oluşacağı gibi sorular, parlamenter demokrasinin yanıtlaması gereken birincil sorular değildir.

Başta verdiğimiz basit örnekten yola çıkarak, yasama

organındaki temsilcilerin en adaletli şekilde belirlenmesini mümkün kılacak ve herkesin anlayabileceği kadar da sade olan bir formülasyonun tanımlanması buradaki başlangıç adımıdır.

TEK BÖLGE FORMÜLASYONUNUN TANIMLANMASI

Formüllerin ve işlem akışının (algoritma) tanımlanabilmesi ve kullanım rahatlığı açısından bir takım kısaltmalar ve semboller işimize yarayacaktır. Önce onları tanıtalım.

Geçerli oylar toplamı	: T	
Yurt içi geçerli oylar	: x	
Yurt dışı geçerli oylar	: y	$(x+y=T)$

Bağımsız vekil sayısı	: $\mathcal{M}_\beta$	
Partili vekil sayısı	: $\mathcal{M}_p$	$(\mathcal{M}_\beta + \mathcal{M}_p = 500)$

Partili vekil sayısı (kesinleşmeyen)	: G_p	$(G_p \neq \mathcal{M}_p)$

Bağımsız adaylar için kullanılan toplam oy : ß
Partiler için kullanılan toplam oy : P

$$(\text{ß}+P=T)$$

Ülkenin bütününü "Bölge" olarak tanımlıyoruz. Bölgeyi seçmen sayısı bakımından birbirine eşit 100 seçim çevresine ayırıyor ve bunlara "Alt Bölge" ya da "Çevre" adını veriyoruz.

Bu sistemde toplam sandalye sayısını 500 olarak tavsiye ediyoruz. Buna göre her seçim çevresinin çıkaracağı milletvekili sayısı 5 olmalıdır; dolayısıyla meclise girecek her bir milletvekili ülke genelindeki geçerli oyların %0,2 'si ile belirlenmekte. Bağımsız adaylar ise kendi çevrelerinde (herhangi bir alt bölgede) yarışacakları için o çevredeki geçerli oyların en az %20'sini almak zorundadırlar. Bağımsız vekillerin belirlenmesi aşamasında <u>sadece</u> ilgili alt bölgenin geçerli oyları baz alınmalıdır. Çünkü bağımsız adaylar yalnızca kendi çevrelerinden oy alma şansına sahiptirler. Bağımsız vekiller belirlendikten sonra yurtdışından gelen oylar genel toplama dahil edilerek partili milletvekilliklerinin dağılımı hesaplanır.

Sandalye dağılımı için genel algoritmayı sözel olarak aşağıdaki gibi yazabiliriz.

1.adım : Bağımsız adayların olduğu çevrelerdeki geçerli oy sayısını belirle.

2.adım : Her bağımsız aday için kendi çevresindeki geçerli oyların %20'sini alıp almadığına bak ve seçimleri kazanan bağımsız milletvekillerinin sayısını *(M_β)* belirle.

3.adım : Yurtdışı oylarını da ilave ederek toplam oyların içerisindeki geçerli oyları hesapla.

4.adım : Tüm geçerli oyları, bağımsız adaylar için kullanılan oylardan (ß) çıkart ve P'yi bul.

5.adım : P'den diğer atık oyları (baraj altında kalan partilerin oylarını) çıkart.

6.adım : P/ (500-M_β) formülü ile her bir partili vekil için gerekli minimum seçmen sayısını hesapla.
* Hesaplanan bu değere "Θ" değişkeni adını verelim.

7.adım : Partilerin aldığı oy miktarını "Θ" değişkenine bölerek her partinin çıkaracağı garanti milletvekili sayısını hesapla.

M_{ps} : s. partinin çıkaracağı milletvekili sayısını
P_s : s. partinin aldığı oy miktarını
G_{ps} : s. partinin çıkaracağı garanti milletvekili sayısını

göstermek üzere,

$$[\, P_s \,/\, \Theta \,]$$

bölme işlemi yapılarak s.partinin çıkaracağı garanti milletvekili sayısı hesaplanır. Garanti milletvekili sayısı, henüz kesinleşmemiş milletvekili sayısı demektir ve bölme işlemiyle elde edilecek ondalıklı ifadenin tamsayılı kısmıdır. Bir sonraki adımda, partinin ek sandalye kazanıp kazanamayacağı yine aynı ifadenin bu sefer ondalıklı kısmına göre belirlenir.

$$G_{ps} \leq [\, P_s \,/\, \Theta \,] \leq \mathcal{M}_{ps}$$

8.adım : 7.adımda bulunan sayıların ondalıklı kısımları büyükten küçüğe doğru sıralanır ve kalan sandalyeler bu sıraya göre partilere dağıtılır.

s- tane siyasi partinin barajı geçtiği bir seçimde partilerin mecliste ne kadar sandalye kazandığını gördükten sonra işlemin sağlamasını yapmak oldukça kolaydır.

Partilerin kazandığı sandalye sayıları tek tek toplandığında $\mathcal{M}_p$ 'yi verecektir.

$$\mathcal{M}_{p1} + \mathcal{M}_{p2} + \ldots + \mathcal{M}_{ps} = \mathcal{M}_p$$

$$\sum_{i=1}^{s} \mathcal{M}_{pi} = \mathcal{M}_p \qquad (s \geq 2)$$

İdeal bir parlamenter sistemde en az iki partinin seçime katılması öngörülür. O nedenle, ifadenin matematiksel gösteriminde "s" değişkeninin 2 veya daha büyük değerler alması gerekiyor.

9.adım : Sandalyeleri partilere göre dağıtma işlemi 8.-adımın sonunda tamamlanmıştır. Bu son adımda her parti en çok oy aldığı alt çevrelerden başlayarak milletvekilliklerini paylaşmaya (yerleşmeye) başlasın.

"Yerleşme" olarak da adlandırılabilecek olan partilerin milletvekilliklerini paylaşması eylemi, bir döngü şeklinde son kalan sandalyenin paylaşımına kadar devam edecek olan turlamalardır.

Şimdi bu algoritmanın nasıl çalıştığını bir örnekle açıklayalım.

Eşit seçmen sayısına sahip 100 seçim çevresinden oluşan bir ülkede 40.000.000 yurt içi seçmeniyle, 5 siyasi partinin ve 2′si aynı çevrede olmak üzere toplam 8 bağımsız adayın yarıştığı ve ulusal barajın %1 olarak ayarlandığı bir parlamento seçimi yapılıyor olsun. Yurt dışından ise 1.500.000 seçmenin sandığa gittiğini varsayalım.

EN DEMOKRATİK ARİTMETİK

Yukarıda verilen sayısal verilere göre 500 milletvekilliğinin nasıl paylaştırılacağını algoritmamızdaki adımların yardımıyla görelim.

Seçim çevresi başına düşen seçmen sayısı 400.000
(40.000.000/ 100 = 400.000)

İki bağımsız adayın yarıştığı çevredeki geçerli oy sayısı 398.000'dir. Adaylardan birisi 98.000 oy, diğeri ise 90.000 oy almıştır.

3. bağımsız aday 110.000 oy almıştır. İlgili çevredeki geçerli oy 399.000
4. bağımsız aday 80.000 oy almıştır. İlgili çevredeki geçerli oy 397.000
5. bağımsız aday 105.000 oy almıştır. İlgili çevredeki geçerli oy 400.000
6. bağımsız aday 99.000 oy almıştır. İlgili çevredeki geçerli oy 395.000
7. bağımsız aday 50.000 oy almıştır. İlgili çevredeki geçerli oy 399.000
8. bağımsız aday 40.000 oy almıştır. İlgili çevredeki geçerli oy 400.000
1.500.000 yurt dışı oyunun 50.000'ni geçersiz.
y= 1.450.000
40.000.000 yurt içi oyunun 100.000'ni geçersiz.
x= 39.900.000

A partisinin oy toplamı= 20.700.000
B partisinin oy toplamı= 9.000.000
C partisinin oy toplamı= 7.200.000
D partisinin oy toplamı= 2.000.000
E partisinin oy toplamı= 1.778.000

Algoritmamızı çalıştırıyoruz ve ilk sonuçlar bağımsız adaylardan gelmeye başlıyor.

İki bağımsız adayın yarıştığı seçim çevresinde %20'lik seçmen 79.600'dir. Her iki aday da seçimi kazanmış ve parlamentoya girmeye hak kazanmıştır.

Üçüncü bağımsız aday da, kendi çevresindeki geçerli oyların %20'sini aşarak parlamentoya girmiştir.

Dördüncü, beşinci ve altıncı bağımsız adaylar da yine aynı şekilde seçime girdikleri çevrelerdeki %20'lik barajı aşarak milletvekili seçilmişlerdir.

Yedinci ve sekinci bağımsız adaylar ise çevre barajını aşamadıkları için seçimi kaybetmişlerdir.

Bağımsız adayların durumu netleşti.

Parlamentoya girmeye hak kazanan bağımsız aday sayısı 6 olmuştur.

$$\mathcal{M}_\beta = 6$$

Bağımsız adaylar için kullanılan toplam oy miktarı ise 672.000 olarak gerçekleşmiştir.

$$\beta = 672.000$$

Buradan itibaren yurt dışı oyları da sisteme ilave edilerek geçerli/geçersiz oyların sayısı tespit ediliyor. Baraja takılan parti yok, o nedenle geçersiz oyların sayısı bilinmelidir. Bunun kestirme yolu siyasi partilere atılan oyların toplamına bakmaktır. Sonuçta barajı geçmiş olan bu beş siyasi parti, aldıkları oylar oranında bağımsızlardan arta kalan milletvekilliklerini aralarında paylaşacaklardır.

Partilerin aldıkları oy toplamı 40.678.000'dir.

$$P = 40.678.000$$

Altı bağımsız aday parlamentoya girdiğine göre bu durumda 494 partili milletvekili olmalıdır.

$$\mathcal{M}_p = 494$$

Bir tane partili milletvekilinin belirlenebilmesi için gerekli oy sayısını; bir başka deyişle partilerin çıkaracağı vekil sayısını belirlemedeki "Θ" ölçüsünü tespit ediyoruz.

$$\Theta = P/(500 - \mathcal{M}_\beta)$$

$$\Theta = 40.678.000/ (500-6)$$

$$\Theta = 40.678.000/494$$

$$\Theta = \quad 82.344,1295$$

Doğal olarak bu, siyasi partilerin kazandıkları her "Θ" oy için 1 milletvekili çıkaracağı anlamına geliyor.

Şimdi partilerin ne kadar milletvekili çıkaracağını hesaplayalım.

A partisi : 20.700.000/ $\Theta =$
20.700.000/82.344,1295 $= 251,3840$

B partisi : 9.000.000/ $\Theta =$
9.000.000/82.344,1295 $= 109,2974$

C partisi : 7.200.000/ $\Theta =$
7.200.000/82.344,1295 $= 87,4379$

D partisi :   2.000.000/ Θ =
                      2.000.000/82.344,1295 =   24,2883

E partisi :   1.778.000/ Θ =
                      1.778.000/82.344,1295 =   21,5923

Bölme işlemindeki sonuçların tam kısımlarına göre A partisi 251, B partisi 109, C partisi 87, D partisi 24 ve E partisi 21 milletvekilliğini garantilemiş görünmektedir.

Garanti vekilliklerin toplamı 492′dir. O halde paylaştırılması gereken 2 vekillik daha vardır ve paylaşım ondalıklı kısımların büyüklüğü göz önüne alınarak neticelendirilecektir.

Ondalıklı kısımlara bakıldığında sırasıyla E ve C partileri 1′er milletvekili daha kazanmış oluyorlar.

Bu aşamadan sonra geriye sadece hangi partinin, hangi seçim çevresinden ne kadar milletvekili kazandığını belirlemek kalıyor. Elbette, bu ayrıntının netleşebilmesi için çevrelerdeki oy dağılımının bilinmesi gerekir; çünkü tanımladığımız algoritmanın son adımında da izah edildiği gibi "yerleşme eylemi" en yüksek oy alınan çevreden başlanarak turlamalar halinde yerine getirilecektir.

Bir başka örnekte, basit bir modelde yerleşme eyleminin nasıl olması gerektiğini gösterebiliriz; ancak yukarıdaki örnekte hemen farkedilebilir olduğu için A ve B partilerinin her çevreden en az 1 milletvekili çıkaracağını söyleyebiliriz. Hatta biraz daha ileri giderek, A partisinin her çevreden 2 veya daha fazla milletvekili kazandığını bile söyleyebiliriz. Ülke, 100 seçim çevresinden oluştuğu için bu bilgiler hemen ilk bakışta rahatlıkla görülebilir.

Şimdi ortaya çıkan bu seçim sonuçlarını tablo ve grafikler üzerinde yorumlayalım.

Seçime katılan 5 siyasi partiyi ve bir parti gibi ele alacağımız bağımsız vekiller topluluğunu aynı tabloda toplam 41.350.000 geçerli oyu baz alarak gösteriyoruz.

Kayıtlı Seçmen Sayısı : 41.500.000
Geçerli oylar :   41.350.000
Geçersiz oylar: 150.000

Seçime Katılanlar	Aldığı oy miktarı	Oy yüzdesi (toplam geçerli oylara oranı)	Kazanılan vekil sayısı
A partisi	20.700.000	% 50,06	251
B partisi	9.000.000	% 21,77	109

C partisi	7.200.000	% 17,41	88
D partisi	2.000.000	% 4,84	24
E partisi	1.778.000	% 4,30	22
Bağımsızlar	672.000	% 1,62	6
TOPLAM	41.350.000	% 100	500

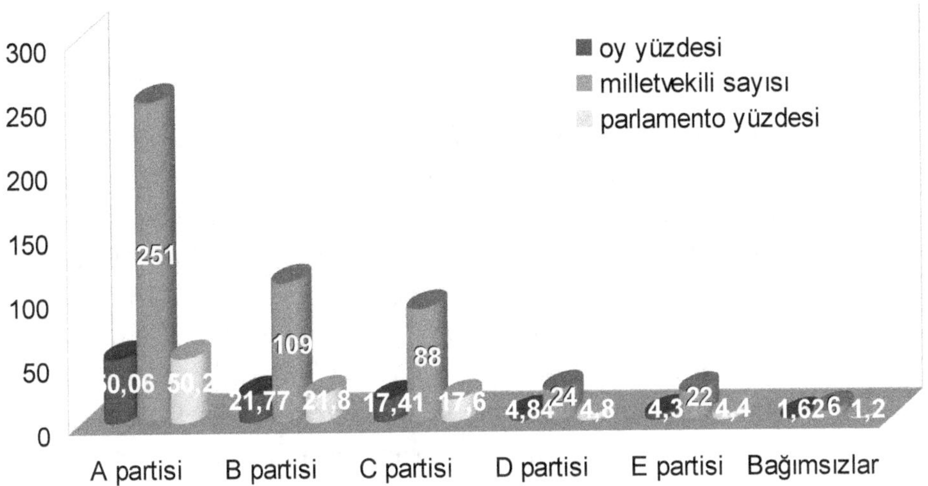

SEÇİM SONUÇLARININ YORUMLANMASI VE TEKNİK ANALİZ

Bu sonuçlara göre A partisi parlamento çoğunluğunu elde ederek tek başına hükümeti kurma şansına sahip olur.

A ve B partileri tüm seçim çevrelerinden milletvekili çıkarabilmişlerdir.

A partisinin tüm seçim çevrelerinde en az 2, B partisinin ise en az 1 milletvekili vardir.

C partisi en çok oy alabildiği 88 seçim çevresinden, D partisi en çok alabildiği 24 seçim çevresinden ve E partisi de en çok oy alabildiği 22 seçim çevresinden 1´er milletvekili çıkarabilmişlerdir.

Θ oranlaması işleminin ardından gelen ondalıklı kısımların yorumlanması aşamasında E ve C partileri 1´er vekil daha kazanarak görece avantaj sağlamışlardır. Seçime katılıp baraj altında kalan herhangi bir parti olmadığı için E ve C partilerinin ondalık yorumlama sırasında kazandıkları son vekilliklerin kaynağı, bağımsız adayların ziyan ettiği oylardır. Bağımsız bir adayın oy ziyan etmemesi neredeyse imkansızdır. Çünkü seçilebilmesi için gerekli çevre barajı olan %20´yi aşabildiği durumlarda dahi fazladan aldığı oyların kendisine ilave bir getirisi olmayacak ve bu oylar barajı geçen partilere dağılacaktır.

Seçilemeyen bağımsız adayların ve baraja takılan partilerin oyları da aynı şekilde ziyan edilmiş oy statüsündedir. Bu bilgiden türetilecek aşikar bir yorum, dahası bir öneri ile karşılaşırız. Bu öneriye göre parlamento aritmetiğinin en adaletli biçimde oluşabilmesi, yani partilerin aldıkları oylar nispetinde parlamento ağırlığına sahip olabilmesi için kullanılan oyların tam olarak dağılması gerekiyor. Bu teklif esasen mükemmeliyetçidir fakat bu amaçla dahi olsa yapılacak zorlamalar parlamenter sistemin özüne uygun düşmez. O nedenle, oy yüzdeleri ve parlamento aritmetiği karşılaştırıldığında beklenir bir biçimde daima partiler lehine bazı farklılıklar olacaktır.

Tek Bölge Formülasyonundaki yerleşimin yani çevresel paylaşımın nasıl olacağını bilmek için ise tüm seçim çevrelerindeki sonuçların topluca sisteme aktarılması gerekmektedir. Tüm çevrelerin dökümünün verildiği aşağıdaki gibi bir örnek yerleşme eyleminin mantığını daha iyi anlamamıza yardımcı olacaktır.

TEK BÖLGE FORMÜLASYONUNDA SEÇİM ÇEVRELERİ

Üç partinin yarıştığı ve seçim barajının uygulanmadığı kurgusal bir ülke olan Güzelya'da parlamento simulasyonu yapalım. Seçimlerden önce ülkenin, coğrafi durum ve nüfus yerleşimleri göz önünde bulundurularak, sınırları aşağıdaki gibi belirlenmiş homojen ve eş dört seçim çevresine ayrıldığını kabul ediyoruz.

Eşit seçmen sayısına sahip dört seçim bölgesi ; Tariya, Karikla, Potna ve Mezna.

Parlamentonun 20 üyeden oluşacağını ve her bir çevrenin 5´er üye göndereceğini varsayalım.

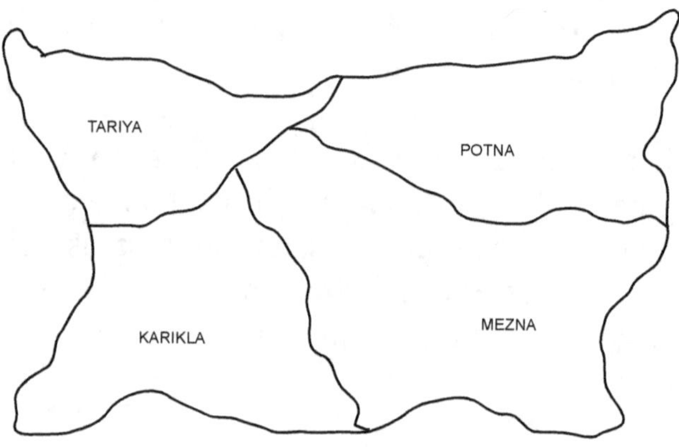

Güzelya'nın seçim çevreleri

Seçimlerde herhangi bir bağımsız adayın yarışmadığı ve tüm oyların bu dört çevrede kullanıldığı (yurtdışı oyu yok) bilgileri de sisteme girildikten sonra sonuçlar açıklanıyor. Partilerin çevrelere göre aldıkları yüzdelik oyları ve genel sonucu harita üzerinde verelim.

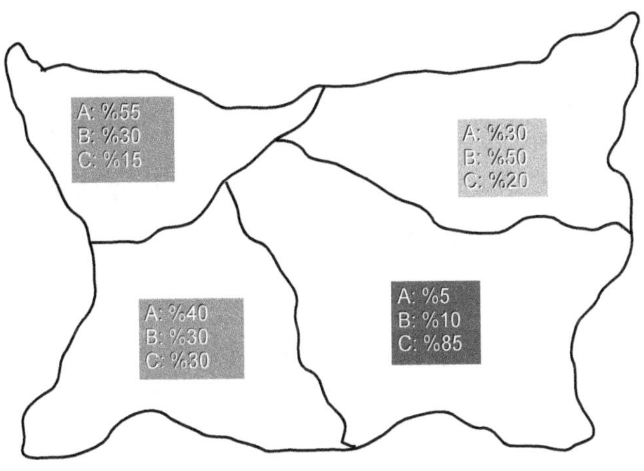

Genel Sonuçlar :

A partisi : % 32,5
B partisi : % 30
C partisi : % 37,5

Bu sonuçlara göre yüzde 37,5 ile C partisi seçimlerin kazanan partisidir. Hükümet kurma görevi öncelikli olarak bu partinin liderine verilecektir. Doğal olarak bir bakanlar kurulu oluşturabilmek için salt çoğunluğa (bu meclis için 11 parlamenterin güvenoyuna) ihtiyaç var. Sandalye dağılımının nasıl teşekkül ettiği burada belirleyici olacak.

Şimdi adım adım parlamento aritmetiğinin nasıl oluşacağını görelim.

Bağımsız aday faktörünün bulunmadığı, sadece partilerin yarıştığı ve 20 parlamenterin seçileceği seçimde genel oyların %5´lik her bir diliminin 1 parlamentere karşılık geldiği rahatlıkla anlaşılabilir.

Buna göre;

A partisi : 6,5

B partisi : 6

C partisi : 7,5

parlamenter kazanmış görünüyorlar. ''Buçuk parlamenter'' mümkün değil, şu halde ondalıklı yuvarlamanın hangi parti lehine yapılacağı meselesiyle karşı karşıyayız. Tüm hallerde ondalıklı yuvarlamanın mantığı basittir; virgülden sonraki ondalıklı hanesi hangi partinin daha büyükse o parti parlamenter sayısını 1 arttırıyordu. Fakat, burada A ve C partilerinin her ikisi de söz konusu o "1" sandalyeye eşit mesafede.

İşte bu aşamada statünün belirlenmesi yönüyle bir veriyi daha değerlendirmek gerekiyor.

Seçim çevrelerine göz atıldığında A partisinin 2 seçim çevresinde (Tariya, Karikla ve Potna) C partisini geçtiğini,

C partisinin ise sadece bir çevrede (Mezna) A partisini geçtiğini görüyoruz.

Bu veriyi kriter olarak kabul etmek, seçim galibi olması sebebiyle ve yine buna bağlı olarak hükümeti daha rahat kurabilsin diye C partisine avantaj sağlanması yaklaşımından daha tutarlıdır.

Bu tutarlılığı iki nedenle açıklamak yeterli olacaktır.

Birincisi; parlamentarizmin ve temsili demokrasilerin anafikri olan "temsilde adalet" hassasiyeti. Hükümetin kurulamayacağı endişeleriyle bu hassasiyetin feda edilmesi söz konusu olamaz.

İkincisi ise dağılım yapıldıktan sonra geriye dönük yapılan analizdeki ufak bir farklılık. Dağılım sırasında fazladan bir sandalye C partisine verildiğinde partilerdeki her bir sandalyenin ağırlığı sırasıyla;

$$A = 0,05416$$
$$B = 0,05$$
$$C = 0,04687$$

olarak gerçekleşiyor. Doğru olan haliyle, taksimatın A partisi lehine yapıldığı durumda ise partilere göre sandalyenin ağırlığı ;

$$A = 0,04642$$
$$B = 0,05$$
$$C = 0,05357$$

olarak gerçekleşiyor.

İstatistik yayılma ölçüsü olarak, bir veri dizisindeki en büyük değer ile en küçük değer arasındaki fark şeklinde tanımlanan "açıklık" kavramından yararlanabiliriz. İlk durumda açıklık 0,00729 yani yüzbinde 729, ikinci durumda ise 0,00715 yani yüzbinde 715 . Standart sapma hesabına hiç girmeden ikinci paylaşım modelinde partilerin %5´lik ortalamaya daha yakın ağırlıklarla parlamentoya girecekleri görülüyor.

Parlamentodaki dağılımın partilere göre nasıl olacağı açıklığa kavuşmuş oldu.

A partisi : 7
B partisi : 6
C partisi : 7

YERLEŞİM ALGORİTMASININ ÇALIŞMASI

Şimdi sıra çevrelere göre parlamenterlerin belirlenmesine (yerleşme) geliyor. Burada iki düşünce ortaya konabilir. İlk düşünce, öncelikle her partinin en yüksek oy aldığı çevreden başlayarak yerleşmeye başlamasıdır. Yukarıdaki gibi bir parlamento aritmetiğinde bölgenin dört seçim çevresinden oluştuğu dikkate alındığında her üç partinin tüm çevrelerden temsilcileri oluyor. ***Üniter bir devlet yapısında ülkenin tümünün "tek bir bölge" olarak tasavvur edilmesi gerektiğinden*** yerleşmenin de buna uygun bir mantıkla yapılması doğru kabul edilebilir.

Üniterci yerleşim modeli olarak nitelenebilecek bu modelde çevrelere göre partilerin kazanacakları parlamenter sayılarını hesaplayalım.

C partisi turlamaya başlar ve her çevreden 1 parlamenter alır.   C   ▶   4

A partisi turlamaya başlar ve her çevreden 1 parlamenter alır.   A   ▶   4

B partisi turlamaya başlar ve her çevreden 1 parlamenter alır.   B   ▶   4

C partisi turlamaya başlar sırasıyla Mezna, Karikla ve Potna'dan yani yüksek oy aldığı yerlerden 1'er parlamenter daha alır.

$$C : \quad ▶ \quad 4+3 = 7$$

A partisi turlamaya başlar ve yüksek oy elde ettiği çevreler olan Tariya, Karikla ve Potna'dan 1'er parlamenter daha alır.

$$A: \quad \blacktriangleright \quad 4+3 = 7$$

B partisi turlamaya başlar ve Tariya ve Mezna'daki kalan 2 sandalyeyi alır.

$$B: \quad \blacktriangleright \quad 4+2 = 6$$

Dikkate değer bir biçimde B partisinin son 2 sandalyeden birisini en düşük oyu aldığı Mezna'dan kazandığını görüyoruz. Yerleşim başlarken seçimi önde bitiren C ve A partilerinin yerleşim önceliğinden kaynaklı ilginç bir durum hatta bazı kimselere göre çarpık sonuç ortaya çıkıyor. Başlangıçtaki esas yaklaşım olan üniter modelli parlamentocu tez ölçüsünde B partisinin başına gelen çarpık durum çok büyük bir önem arz etmiyor. Ancak bu çarpıklığa yönelik oldukça tutarlı karşı tezler de ortaya atılabilir.

Nitekim, partinin %50 oy aldığı Potna ile %10 oy aldığı Mezna'dan aynı sayıda parlamenter çıkaracak olmasına hiç kimse tarafından olmasa bile partinin Potna listesinin ikinci sırasındaki aday tarafından itiraz gelecektir. Bu gayet anlaşılabilir bir itirazdır; çünkü söz konusu aday seçim çalışmalarıyla partisinin %50 gibi bir oranla Potna'da birinci parti olmasını sağlamıştır.

Bunun gibi oluşabilecek paylaşımsal arızaların giderilmesi için başka yöntemler de düşünülebilir; fakat biz turlamaların ikinci evresine geri dönerek olaya müdahale edelim. İkinci turlamalar yapılırken yerleşimin "eş zamanlı" olmasına dikkat etmemiz gerekecek zira biraz önceki çarpıklık bu incelik atlandığı için ortaya çıkmıştı. C ve A partileri bu son turda yerleşimlerini tamamlayınca kalan iki sandalyeyi B partisi alakasız çevrelerden almak zorunda kalmıştı. Bir başka söyleyişle; C ve A partileri, yer kapma turları esnasında B partisinin esas galip geldiği Potna' da B partisinin önünü tıkamışlardır.

İkinci tur yerleşimleri revize ediyoruz ve eş zamanlı olarak başlatıyoruz. Bu turda her parti en çok oy aldığı çevreden ilave 1′er sandalye kazanır.

A en çok oy aldığı Tariya′dan 1 parlamenter
$$A : \quad \blacktriangleright \quad 4+1 = 5$$

B en çok oy aldığı Potna′dan 1 parlamenter
$$B : \quad \blacktriangleright \quad 4+1 = 5$$

C en çok oy aldığı Mezna′dan 1 parlamenter
$$C : \quad \blacktriangleright \quad 4+1 = 5$$

kazanıyorlar.

Üçüncü tur yerleşimler başlıyor. Bu turda partiler en çok oy aldıkları ikinci çevrelerden birer sandalye daha kazanırlar.

A partisi ikinci en iyi çevresi Karikla'dan 1 parlamenter

A: ▶ 5+1 =6

B partisi ikinci en iyi çevresi Tariya'dan 1 parlamenter

B: ▶ 5+1=6

C partisi ikinci en iyi çevresi Karikla'dan 1 parlamenter

C: ▶ 5+1=6

kazanıyorlar.

Son turlamada kalan 2 sandalyenin dağılımı ise şu şekilde olur.

Potna'daki son sandalyeyi A partisi, Mezna'daki son sandalyeyi C partisi kazanırlar.

Parlamento sonuçları :

A : 7   *B : 6*   *C :7*

EN DEMOKRATİK ARİTMETİK

PARTİ ÇEVRE	A	B	C	Birinci Parti
TARİYA	2	2	1	
KARİKLA	2	1	2	
POTNA	2	2	1	
MEZNA	1	1	3	

Çevrelere göre partilerin kazandığı parlamenter sayısı yukarıdaki tabloda verildiği gibidir.

Sonucu şekillendiren son iki turlamanın analizine geçmeden önce aşağıdaki harita üzerinde Karikla ve Mezna'ya odaklanalım. Bu çevrelerden Mezna'da A partisi %5 ile bir parlamenter kazanırken, B partisinin Karikla'da bir parlamenteri ancak %30 ile kazanabildiğine lütfen dikkat ediniz. En ideal yerleşim algoritmalarında bile buna benzer ilginçlikler yaşanabiliyor.

Yine harita üzerinden sonuçları yorumlamaya devam ediyoruz ve soruyoruz:

Peki son iki turlamada neler oldu ?

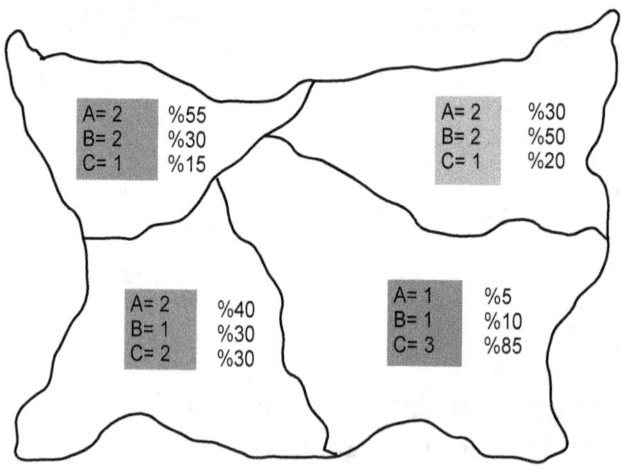

Alınan oy yüzdelerini ve kazanılan sandalye sayılarını gösteren seçim haritası.

Son turlamadaki sonuç gayet açık bir sonuç. Oy dökümüne göre C partisi Mezna'da, A partisi ise Potna'da daha üstün durumdalar ve son dağılım da o ölçüde oluyor. Son turdaki işlemin ters yapılması durumunda çarpıklık hemen hissedilecektir. O kadar ki, bu kısıtlar altında ele aldığımız böylesi bir simulasyonda, herhangi bir partinin tek çevredeki %5'lik oyu ile 2 parlamenter kazanabilmesini hiçbir formülasyon ya da algoritma açıklayamaz.

Daha enteresan sayılabilecek bir başka yerleşim detayı ise, üçüncü turlamada B partisinin ilave sandalyeyi "Tariya'dan mı yoksa Karikla'dan mı kazanacak?" sorunsalı ekseninde karşımıza çıkıyor. Her iki çevre de %30'luk oranlarla B partisinin kendi ikinci en iyi seçim çevresidir.

B ve C partilerini doğrudan ilgilendiren bu problemin çözümünü yerleşimlerin ikinci turu itibariyle riayet ettiğimiz "eş zamanlı yerleşim" prensibine göre aramak zorundayız. Eş zamanlı yerleşim prensibi ışığında "Neden Karikla değil de, Tariya oldu?" sorusunu yeniden hem B'ye hem de C'ye aynı anda sorduğumuzda anahtar C partisinden geliyor ve problem ortadan kalkıyor.

Sonuçta, C partisi erken devreye girerek Karikla'dan sandalye kazanmış ve oradaki seçimi sonlandırarak B partisini Tariya'ya mecbur bırakmıştır. Nihayetinde hem Tariya hem de Karikla, B partisi için en iyi "ikinci çevre" dir; ancak Karikla, C partisi için yegane "ikinci en iyi çevre" dir.

ÇEVRELERDE YÜZDE 20 KRİTERİ UYGULAMAK DAHA MI İYİ OLUR?

Parlamento dağılımında bir diğer algoritma anafikri olarak "çevre esaslı nispi yerleşim" düşünülebilir. Her ne kadar üniter yapıya sahip devletler için ülkenin tamamı "tek seçim bölgesi" olarak öngörülmüş ve yerleşim turlamalarında partilerin çevrelerdeki oransal ağırlıkları ikinci plana atılmış olsa da, istenildiği zaman "çevre esaslı nispi yerleşim" algoritmasını uygulamak da mümkündür; ve bu bir çelişki teşkil etmez.

Bu algoritmanın işleyişi kısmen *d'Hondt* sistemiyle benzerlikler taşır. Önce nasıl davrandığını görelim daha sonra iki seçim çevresi için algoritmaları mukayese edelim.

Seçim sonuçları ayrıntılı dökümleriyle henüz belli olmadan şöyle bir mantık yürütülebilir:

Her çevre için 5 kişilik kontenjan bulunduğuna göre çevredeki her %20'lik dilim bir parlamenter anlamına geliyor. İşlem akışlarının böyle bir mantık çerçevesinde devam etmesi isteniyorsa, o halde algoritma içerisinde de her çevre için 20'lik dilimi baz alan, bölümlemeleri ona göre düzenleyen basit bir formül tanımlanmalıdır.

A partisinin Tariya'daki 55 dilimi 20'ye bölündüğünde 2, Potna'daki 30'luk dilimi 20'ye bölündüğünde 1, Karikla'daki 40'lik dilimi 20'ye bölündüğünde 2 ve Mezna'daki 5'lik dilimi 20'ye bölündüğünde 0 bölümleri bulunuyor.

Bu ilk sonuçları harita üzerinde yazıyoruz. Benzer bölümlemeleri B ve C partileri için de uyguladıktan sonra hepsini toplu halde harita üzerinde gösteriyoruz.

Evet, ilk yerleşim aşağıda gördüğünüz şekilde gerçekleşmekte.

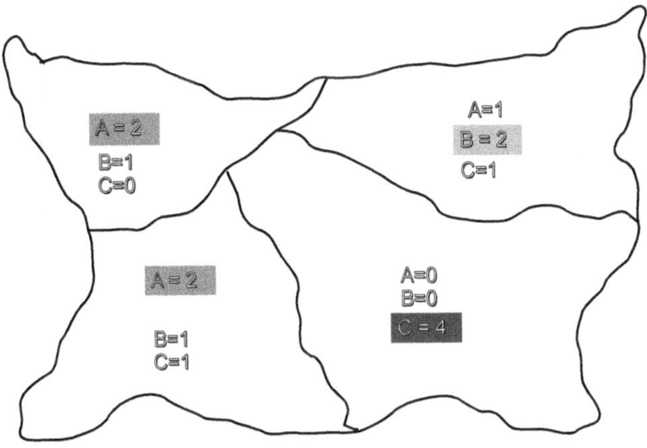

Şimdi bu 20'lik dilim ölçüsüne göre partilerin ilk yerleşimlerinden geriye kalan oylarını (artık oyları) yine her çevrenin boş kontenjanlarıyla birlikte basit bir kalanlar matrisi üzerinde gösterelim ve hangi ölçüye göre devam edileceğine karar verelim.

<table>
<tr><td>TARIYA
2

KARIKLA
1</td><td>POTNA
1

MEZNA
1</td></tr>
<tr><td>A:%15
B:%10
C:%15

A:%0
B:%10
C:%10</td><td>A:%10
B:%10
C:%0

A:%5
B:%10
C:%5</td></tr>
</table>

Gelinen aşamada arta kalan bu 5 parlamenter kontenjanından 1´inin C partisine, geriye kalan 4´ünün 2-2 olmak üzere A ve B partilerine ayrıldığı bilgisi (kısıtı) doğal olarak önümüzdedir. Bu kısıtlar altında en uygun eşleştirmeler ile çözüm bulmaya çalışmalıyız.

Potna ve Karikla seçim çevrelerindeki son kalan 1 sandalyenin kime gideceği şimdilik belirsiz; çünkü her iki yerde de beraberlikler oluşmuş. Yalnız Mezna'daki son sandalyeyi B partisinin kazandığını, benzer şekilde Tariya'da ise 2 sandalyeyi A ve C partilerinin kazandıklarını görebiliyoruz.

Bu dağılımlarla birlikte Tariya ve Mezna çevrelerindeki seçimler tamamlanmış oluyor. Partiler açısından bakıldığında da C partisi için seçimlerin bittiğini ve C′nin parlamenter sayısının 7′ye ulaştığını görüyoruz. Kalan son 2 sandalye A ve B partileri arasında pay edilecektir.

En son kalanlar matrislerini görelim.

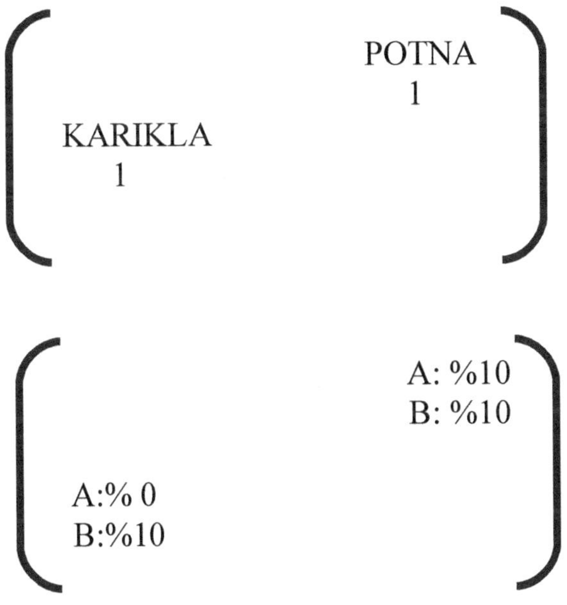

Potna´da beraberlik var, dağılım Karikla´dan başlar ve B partisi buradaki son sandalyenin sahibi olur. Potna´da çevrenin ve bölgenin (ülkenin) son kalan sandalyesi ise A partisine gider.

Seçimlerin çevresel paylaşım detayını gösteren nihayi sonuçları aşağıdaki harita gösterildiği gibidir.

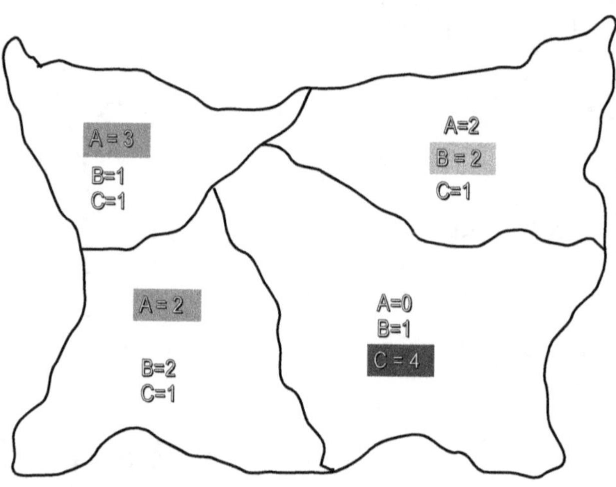

TÜRKİYE'DE PARLAMENTARİZM MÜCADELESİ

TÜRKİYE'NİN PARLAMENTER YAŞAM PRATİKLERİ

Türkiye'deki parlamentocu gelenek cumhuriyet öncesine dayanır. 1876 tarihli Kanun-i Esasi ile anayasal bir yönetim anlayışının başladığı kabul edilmektedir. Otuz yıl kadar süren bir kesintiden sonra 1908'de II.Meşrutiyet'in ilanıyla birlikte ise daha güçlü ve bugüne daha yakın bir parlamenter demokrasinin başladığını söyleyebiliriz.

Osmanlı parlamentosu 1908'den başlayarak, dağıtıldığı 1920 yılına kadar olağanüstü derecede aktif bir performans sergilemiştir. On iki yıllık süre zarfında on sekiz kez sadrazam (başbakan) değişiminin yaşanması bunu doğrular niteliktedir. Çok kritik bölgesel savaşların ve Birinci Dünya Savaşı'nın yine bu döneme rastlamış olması ve de doğal olarak parlamentonun bu süreçlerde yönetici fonksiyonu üstlenmesi, öte yandan hizipler arasındaki çekişmelerin rejimi yıkacak kadar şiddetlenmesi (bir bakıma yıkan faktörlerden birisi olması) ve en sonunda gelen işgal Türkiye demokrasisi için bir imtihan niteliğindedir.

Neticede, İkinci Meşrutiyet dönemi boyunca kabinelerin ortalama ömrü bir yılı bile bulmamıştır; fakat bütün bu parlamentarist deneyimler ve partiler mücadelesi 1920 sonrası parlamenter yaşam için bir miras olarak değerlendirilmelidir.

Meclis-i Mebusan'ın (parlamentosunun alt kanadı) dağıtılmasının üzerinden henüz iki hafta bile geçmemişken 23 Nisan 1920'de yeni bir parlamentonun açılmış olması önemlidir. Ankara'daki bu yeni parlamentonun beklenildiği gibi bir savaş parlamentosu olması, kurulduktan kısa bir süre sonra kendi anayasasını oluşturması ve günün olağanüstü şartlarının kuvvetler ayrılığına olanak vermemesi ona daha çok bir "İhtilal Meclisi" hüviyeti kazandırır.

29 Ekim 1923'de cumhuriyetin ilanıyla birlikte üç yılı aşkın bir süredir fiili olarak yürürlükte olan rejimin adı konulmuş oldu. Aynı gün hükümet sisteminin de değiştiği ve "Meclis Hükümeti" sisteminin yerini "Kabine Sistemi" ne bıraktığı görülür. Böylece hükümetin kuruluşu ve işleyişi de daha kolaylaşacaktı. 16 Nisan 2017'daki referandum ile birlikte kabine sistemi de ortadan kalkmış ve yürütme, yasamadan tamamen ayrışmıştır.

Hükümet sisteminin belirlenmesini takip eden yıllarda tek parti yönetimini terk etme çabaları da gözlenmektedir. Bu çaba bir bakıma, yeni rejimin temel ilkelerine göre modernize edilmiş partilerle yeni rejimi pekiştirme çabasıdır. Fakat, bu çabalar 1946 yılına kadar istenilen sonuçları vermeyecektir.

Türkiye, 1946'daki son denemeyle çok partili hayata geçmeyi başardı. 1950 seçimleriyle beraber de demokratik seçim ortamının oluştuğu görülür. Ancak, temsil noktasındaki çarpıklıkların giderilmesi için 1961'e kadar beklemek gerekecektir. 1950-1960 arasındaki dönemde, uygulanmakta olan <u>çoğunlukçu seçim sistemine</u> rağmen "ikili parti sistemi" nin oturamamış olması Türkiye'deki parti sisteminin tarihi gelişimi açısından kayda değer bir önem taşır. Kabine sistemini terk edip, Başkanlık tipi hükümet sistemlerine geçerken bu gerçeği de göz önünde bulundurmak gerekir.

1961 Anayasası'nın kabulü, Anayasa Mahkemesi'nin kurulması ve kuvvetler ayrılığının daha belirgin bir biçimde ortaya çıkmasıyla birlikte Türkiye'deki parlamenter esaslara dayalı cumhuriyet rejimi en ideal seviyeye ulaşmıştır. 1980'e kadar devam edecek bu yeni periyotta oldukça renkli bir parlamento vardır. Nispi temsile dayalı seçim sistemlerinin kullanılmaya başlanması da yine aynı döneme denk gelir ve ilk kez 1961 genel seçimleriyle birlikte, partiler aldıkları oyla orantılı sayıda sandalye kazandılar.

1965'deki seçimler hariç, 1961'den günümüze kadar nispi temsil usullerinin en popüler formülasyonu olan ***d'Hondt*** sisteminin bazı varyasyonları kullanılmıştır. D'Hondt sistemi Türkiye'deki seçimlerde hem barajlı hem de barajsız olarak kullanılmış, hatta 1983 seçimlerin %10'luk ülke barajının yanına bir de "çevre barajı" konulmuştur. Çifte barajlı d'Hondt sistemi 1995 seçimlerinde ve sonrasında görülmez; fakat ulusal barajın kaldırılması veya en azından düşürülmesi yönündeki girişimler henüz bir sonuç vermemiştir.

Parlamenter sistemin devam ettiği süre zarfında meclis çoğunluğunun daha rahat sağlanabilmesi ve böylece hükümetin daha çabuk kurulabilmesi için ülke barajının bu derece yüksek kalmasına göz yumulmuştu. Özünde buradaki ana kaygı parçalı meclis yapısının hükümet oluşumunu geciktireceği ve belirsizlik halinin bir krize evrileceği kaygısıydı; ancak en geç 2019 sonlarında yapılması planlanan genel seçimlerle birlikte parlamenter demokrasi tamamen ortadan kalkacağı için bu kaygıların hiçbir dayanağı da kalmayacaktır.

Parlamentonun tarihindeki önemli dönüm noktaları ve bu dönemlerin karekteristikleri kronolojik olarak şu şekilde özetlenebilir.

1920- TBMM'nin açılması. Ekim 1923'e kadar net biçimde kuvvetler birliği.
Bakanların tek tek meclisten güvenoyu almak zorunda olduğu "Meclis Hükümeti" sistemi.

1923- Ekim ayındaki anayasal düzenlemeyle cumhuriyet rejiminin ilanı.
Rejimin adının konulmasıyla birlikte "Kabine sistemine" geçiş ve bu sayede hükümetlerin oluşum süreçlerinin daha rahat olmaya başlaması.
Kuvvetler birliğinde yumuşama.

1925- Çok partili hayata geçiş için başarısızlıkla sonuçlanacak ilk deneme.

1930- İkinci denemede de çok partili hayata geçilememesi.

1946- Üçüncü ve son denemeyle birlikte çok partili hayatın başlaması.
Seçim sisteminde ve özellikle de seçimlerin organizasyonunda ciddi yanlışlar.

1950- Demokratik yollardan iktidar değişimi.
Seçimlerin daha adil yapılması ve bunu gözetecek yüksek mahkemenin (YSK) oluşturulması.

1960- Demokrasinin kesintiye uğraması.

1961- Yeni anayasa, kuvvetler ayrılığı ve çift

kamaralı parlamento.
1980'e kadar devam edecek tipik
parlamenter sistem, daha güçlü
parlamento.

Çoğunlukçu sistemlerin yerini nispi
sistemlere bırakması ve bunun neticesinde
daha adaletli temsil.

1962- Anayasa Mahkemesi'nin kurulması.

1980- Demokrasinin yeniden kesintiye uğraması.

1982- Yeni anayasa ve parlamentonun yeniden
tekli yapıya kavuşması.
Eskisine göre daha yetkili cumhurbaşkanlığı
makamı.
Seçim sistemi üzerinde adaletli temsiliyeti
zedeleyen bir takım düzenlemeler.

1983- Yeniden demokrasiye geçiş.
23 yılı tek parti hükümetleri, 11 yılı ise
koalisyon ve azınlık hükümetleriyle geçecek
yeni parlamanter dönemin başlangıcı.

2017- Hükümet sistemi üzerinde değişik öngören
anayasa hükümlerinin halkoyu ile kabulü.

Buna göre en geç 2019 yılında yapılacak genel seçimlerle birlikte, Kabine sisteminin yerini "Cumhurbaşkanlığı Hükümeti Sistemi" ne bırakacak olması ve başbakanlık makamının ortadan kalkacak olması.

2019 yılının Kasım ayına kadar yapılacak genel seçimlerle birlikte halk cumhurbaşkanını ve meclis üyelerini seçecek. En geç bu tarihten sonra parlamenter demokrasi ve başbakanlık makamı resmen ortadan kalkacak ve kuvvetler arasındaki çizgi daha net hale gelecek. Yasama ve yürütmenin tamamen ayrışacağı bu yeni dönemde sistemin tipik bir "Başkanlık Sistemi" olarak çalışacağı umulmaktadır. Fiili ve hukuki durum arasındaki farklılıklarından kaynaklanan uyum sorunlarının ise geçiş döneminde çözüleceği varsayılmaktadır.

Parlamenter demokrasinin bir kenara konularak yola Başkanlık sistemi ile devam edilecek olması hiç kuşkusuz yeni bir çözüm arayışının sonucudur; fakat bu sistem 1908'den itibaren ara dönemler hariç parlamentarist gelenekle yönetilegelmiş Türkiye için oldukça yeni bir modeldir.

Kritik soruyu yine Türkiye'nin parlamento tarihinden sormak gerekirse;

Parlamenter sisteme yeteri kadar şans verilmiş midir?

Endişelerin temel nedeni meclis çoğunluğunu yakalamak ve en kısa sürede hükümeti kurabilmektir. Bu endişelerin doğal sonuçları ise önce seçim sistemleri üzerinde bir takım oynamalar yapmak, bu amaca hizmet edecek şekilde ulusal ve çevresel barajlar koymak; ve bunların da çözüm olamadığı anlaşıldığı anda hükümet sistemini değiştirmek olmuştur. Fakat, 1946'dan itibaren bir değerlendirmeye tabi tutulduğunda hesap da ortadadır. 71 yıllık çok partili rejim boyunca koalisyonların toplam süresi sadece 22 yıl. Buna karşılık, tek parti hükümetlerinin toplam süresi 43 yıl; geriye kalan altı yıllık süre ise ara rejim dönemleridir.

Sayısal verilere bakıldığında koalisyon ve azınlık hükümeti seçeneklerine yeteri kadar fırsat tanınmadığı ve belki de bu yüzden beklenen düzeyde bir alışkanlığın oluşamadığı söylenebilir. Ancak değişiklik isteğinin altında başka nedenler de olabilir. Öyle anlaşılıyor ki, buradaki neden parlamenter sistemin kendisidir. Çünkü, sistem var olduğu müddetçe iktidar, tek parti iktidarı bile olsa kendi içerisinde dağılma riskini sürekli taşır. Bu risk genellikle erken seçimi tetikleyen siyasi veya iktisadi krizlerin arefesinde en üst seviyelere ulaşır ve kontrol edilemediğinde iktidardaki parti için istenmeyen sonuçlar getirir. O halde, en iyi çözüm sistemi ortadan kaldırmaktır.

Oysa yeni sistemde kontrol yürütmede yani cumhurbaşkanında olacağından yukarıdaki gibi bir risk söz konusu değildir. Öte yandan, Meclis'teki muhalif gruplar, şayet çoğunluk olabilmişlerse bu kontrolün <u>dolaylı</u> olarak bir parçasıdırlar; ancak bunu bir adım daha ileri götürüp seçim kararı aldıklarında, cumhurbaşkanlığı seçimiyle birlikte kendileri de seçime gitmek zorunda kalacaklardır.

Sonuçta sistem şimdilik tutarlı bir denge sistemi görünümündedir; fakat bu halde de yeni bir açmaz ortaya çıkarmaktadır.

Parlamenter sistemin son dönemlerine bakıldığında ise sorunlar esasen biraz daha farklıydı ve doğrudan hükümetin kurulmasına odaklıydı. Söz gelimi, 1982 Anayasası'nın 116.maddesine göre hükümet güvenoyu alamadığı veya güvensizlik oyuyla düşürüldüğünde buna kırk beş gün içerisinde bir çare bulunması gerekiyor; aksi takdirde çözüm olarak seçim işaret ediliyordu. Fakat, bu tür arızalar karşısında mesela Almanya'daki gibi başbakan belirleyici bir uzlaşı modeli her nedense geliştirilemedi.

İlginç bir biçimde, daha parçalı meclis kompozisyonları ortaya çıkaran seçim sistemlerinin uygulandığı 1961-1980 arası dönemde Türkiye'nin bunu başarabildiği görülmüştür. 1975 yılına doğru göreve gelen Sadi Irmak başbakan-

lığındaki hükümet (Otuz Sekizinci Hükümet) güvenoyu a-
lamamış; fakat buna rağmen yeni hükümet kurulabilinceye
kadar, üstelik de ülkenin en sancılı zamanlarında yaklaşık
4,5 ay hizmet vermiştir.

Anayasanın, şayet parlamenter bir model düşünülmüşse
ona göre esnetilmesi, mesela güvenoyu konusunda biraz
daha hükümetçi bir yaklaşımın benimsenmesi - en azından
bunun bir takıntı haline getirilmemesi en tutarlı yoldur.
Hükümetin önü kesilmemelidir. Ancak, buradan güven-
oyunun veya gensoru mekanizmasının gereksiz olduğu gi-
bi bir sonuç da çıkmaz; ne olursa olsun meclis önce gelir
ve tüm bu haklarını saklı tutar. Meclis etkin çalışabilmesi
çok önemlidir.

***Unutulmamalıdır ki, Türkiye'de darbeler hükümetsiz-
likten değil, meclissizlikten dolayı yaşanmıştır.***

İç ve dış etkilerin yanı sıra Türkiye'deki askeri müdaha-
leler, parlamentonun çalışmamasından/ çalışma şartlarının
ortadan kalkmış olması yüzünden yaşanmıştır. Yapılan ha-
rekatlar görünürde her ne kadar hükümete karşı olmuşsa
da asıl hedef parlamentodur, rejim-ara rejim ilişkisini bu
şekilde okumakta fayda var.

Herkesin gözünün önünde olan bir diğer gerçek ise, her
ülkenin bir hükümete sahip olduğu fakat demokratik esas-

lara göre teşkil edilmiş parlamentonun bazı ülkelerde olduğu gerçeğidir. Bu düşünüldüğünde, *"hükümetlerin kurulması kolaylaştırılmalı; ama bununla birlikte halkın tercihleri de parlamentoya tam olarak yansımalı"* yönünde bir çıkarım yapılabilir. Böyle bir çıkarımın doğal sonucu olarak getirilecek önerilerde ise, temsilde adalet ön planda olmalıdır.

Türkiye bu noktada da bir başarı göstermiştir; Türkiye' nin tüm zamanlardaki en adaletli seçimi olarak kabul edilen 1965 seçimleri bunun bir kanıtıdır. 1965 genel seçimlerinde kullanılan "Milli Bakiye Sistemi" nin sonucunda seçime katılan tüm partiler hemen hemen ulusal bazda aldıkları oy nispetinde milletvekillikleri kazandılar.

1965 TÜRKİYE GENEL SEÇİMLERİ

Türkiye'nin seçimler tarihindeki gelmiş geçmiş en iyi formülasyon olan **Milli Bakiye Sistemi** oldukça iyi tasarlanmış bir nispi temsil formülüdür. O nedenle, sandıktaki sonuçların <u>olabildiğince</u> tam yansımış olması beklenir bir durumdur.

Algoritmanın son aşamasında tüm partilerin artık oylarının toplanıp kalan sandalye sayısına bölünmesiyle bir seçim kotası bulunuyor ve son dağılımlar o ölçüye göre oluyor, sisteme "Milli Bakiye" denilmesinin nedeni budur.

1965 seçimlerinde oy ve sandalye dağılımı şu şekilde gerçekleşmiştir.

Parti	Oy	Oy oranı	Kazanılan sandalye
Adalet Partisi	4.921.235	% 52,87	240
Cumhuriyet Halk Partisi	2.675.785	% 28,75	134
Millet Partisi	582.704	% 6,26	31
Yeni Türkiye Partisi	346.514	% 3,72	19
Türkiye İşçi Partisi	276.101	% 2,97	14
Cumhuriyetçi Köylü Millet Partisi	208.696	% 2,24	11
Bağımsızlar	296.528	% 3,19	1

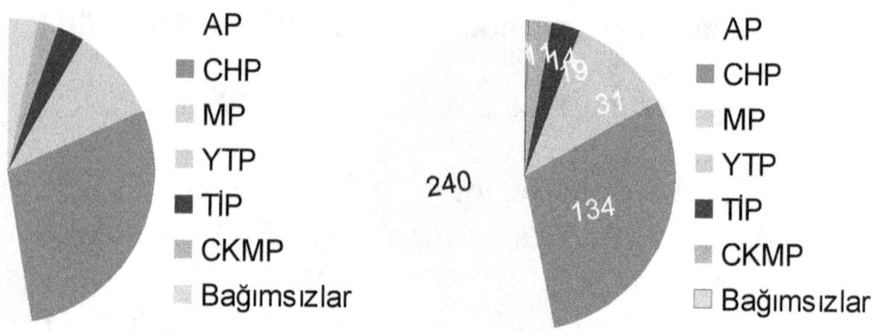

1965 Türkiye Genel Seçimleri oy dağılımı   *Partilere göre sandalye dağılımı*

Partiler aldıkları oy ağırlığında TBMM'ye giriyorlar, Adalet Partisi aldığı %52,87'lik oyla 240 milletvekilliğini kazanmış oluyor. TBMM mevcudunun o yıllarda 450 olduğundan salt çoğunluk 226'yı yakalamış ve tek başına ik-

tidar olmuştur. Bugünkü seçim sistemiyle ve aynı sonuç-
larla Adalet Partisi'nin sadece hükümet olabilecek kadar
değil, anayasayı bile değiştirebilecek kadar güçlü bir mec-
lis çoğunluğunu sağlayacağına şüphe yoktur.

Peki, 1965 seçimlerini bu kadar adaletli bir seçim for-
mülasyonu olan Milli Bakiye Sistemi yerine "Tek Bölge
Formülasyonu" ile değerlendirseydik nasıl bir TBMM ile
karşılaşırdık?

Çok küçük farklılıklar dışında hemen hemen aynı tablo
ile karşılaşacağımızı tahmin edebilirsiniz. Şimdi bu küçük
farklılıkları görebilmek için hesaplamaya başlayalım.

Öncelikle bağımsız adaylara verilen 296.528 oy ve da-
ğıtılan 1 sandalyeyi hesaplamanın dışına çıkarıyoruz. O
halde, "Tek Bölge" hesaplamaları 9.011.035 parti oyu ve
449 sandalyeye göre yapılmalıdır.

Seçim kotasını bulalım:

$$\Theta = 9.011.035 / 449 \approx 20.069,12$$

Şimdi parti oylarını bu sayıya oranlıyoruz.

AP	▶	245,21
CHP	▶	133,32
MP	▶	29,03

YTP ▶ 17,27
TİP ▶ 13,76
CKMP ▶ 10,40

Tam kısımların toplamı 447 oluyor.

Kalan 2 sandalyenin dağılımında ise ondalıklı kısımlara bakılıyor, buna göre TİP ve CKMP garanti sandalye sayılarının üzerine birer ek sandalye daha kazanıyorlar.

Tek Bölge Formülasyonuna göre dağılımın kesin sonucu şu şekildedir.

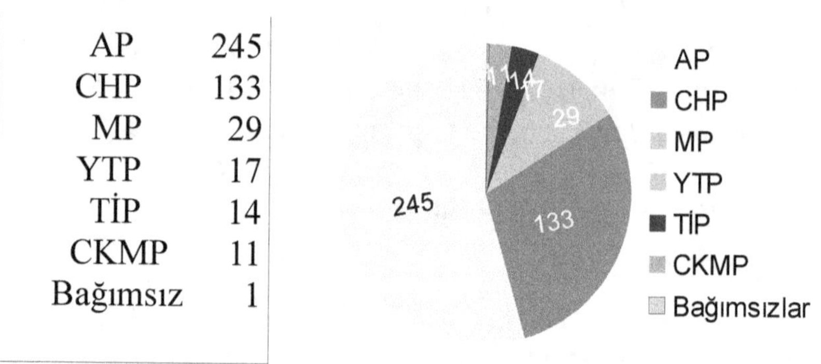

AP	245
CHP	133
MP	29
YTP	17
TİP	14
CKMP	11
Bağımsız	1

Adalet Partisi'nin biraz daha avantaj sağladığı görülüyor; ancak Milli Bakiye ve Tek Bölge neredeyse aynı sonuçları verdiler.

Ne yazık ki, Cumhuriyet tarihinin en ideal seçim sistemi olan Milli Bakiye sistemi yalnızca bir kere uygulandıktan sonra 1968 yılındaki yasal düzenleme ile kaldırılmış ve yeniden d'Hondt sistemine dönülmüştür.

III.BÖLÜM

DEMOKRASİNİN TONLARI VE YÖRESEL ALIŞKANLIKLARIN ETKİSİNDE SEÇİMLER

PARLAMENTER SİSTEM DIŞINDA TEK BÖLGE FORMÜLASYONUNUN UYGULANABİLİRLİĞİ

Parlamenter sistemin yerine başkanlık sisteminin yürürlükte olduğu ülkelerde kuramsal varsayım yasama, yürütme ve yargı erklerinin net çizgilerle birbirlerinden ayrıldığı yönündedir. Yasama ve yürütme arasındaki ayrım o kadar belirgindir ki, bu ülkelerin çoğunda bir parlamento üyesi kabineye girmesi durumunda parlamento üyeliğinden ayrılmak zorunda kalır. Hükümet, parlamentonun oluşumundan bağımsız teşkil ettirildiği için parlamentoya karşı sorumlu değildir. Gensoru mekanizması bu sistemde çalışmaz, dolayısıyla parlamentonun hükümeti denetleme olanakları oldukça kısıtlıdır. Aslında hükümeti denetleme işlevi elinden alınmıştır; ancak başkanlık sisteminin nasıl bir tip başkanlık sistemi olduğuna bağlı olarak, elindeki imkanları kullanabildiği ölçüde kamuoyu nezdinde bir baskı oluşturabilir. Pek tabii ki, bu baskıların hukuki sonuçlarının parlamenter sistemdekilerle aynı derecede olması beklenemez; çünkü, anayasal düzendeki yeri kesin çizgilerle belirlenmiştir... Hükümeti düşürme imkanı ise <u>istisnai</u> bir husus haricinde zaten söz konusu bile değildir.

O istisnai hususa Türkiye'den, Türkiye'deki yeni modelden bir örnek verelim:

Türkiye'de 16 Nisan 2017 tarihindeki halkoylaması sonucunda kabul edilen "Cumhurbaşkanlığı Hükümet Sistemi" ile birlikte esasen parlamentonun böyle bir düşürme hakkı bulunuyor; fakat bunu yaptığı anda kendisini de yine aynı hüküm uyarınca feshetmesi gerektiğinden, sonuçta yine de bu kozun kullanılması parlamento adına bir avantaj sayılamaz. Oysa, parlamenter demokratik sistemlerde, parlamento sistemin esas oyun kurucusudur; ve bu bağlamda parlamentonun hükümeti sayısız defa düşürme hakkı bulunurken, hükümetin parlamentoyu sadece bir defa düşürme (erken genel seçim kararı alarak) hakkı vardır.

Yasama ve yürütmenin birbirinden ayrıldığı işte bu noktada, parlamentarizm adına fırsat sayılacak bir başka durum ortaya çıkmaktadır. Hükümeti denetleme fonksiyonu bulunmayan, buna karşın ulusal iradenin kalbi olarak kanun yapmaya yetkili esas merci parlamentonun bir kanadı (mesela ABD'deki Temsilciler Meclisi) "Tek Bölge Formülasyonu" yani nispi bir sistem ile oluşturulabilir.

Parlamentonun tek kanatlı olduğu cumhuriyet rejimlerinde ise hem parlamentonun "Tek Bölge Formülasyonlu" nispi seçim sistemi ile oluşturulması, hem de cumhurbaşkanının iki turlu genel oylama ile seçilmesi en isabetli yoldur... Çünkü, başkanlık sisteminin kabul edildiği bir cumhuriyette halk, başkanını doğrudan ve salt çoğunlukla seçtiği gibi yasa yapmaya muktedir olan parlamentonun da en adaletli bir biçimde, yani içerisinde kendisinden bir parça hissedeceği biçimde oluşmasını bekleyecektir. Bir seçmen-vatandaş, seçilmiş başkanı ve kabinesini olumlamasa bile yasama organındaki adil temsiliyetin bilinciyle demokrasinin lezzetini almaya devam edecektir.

AMERİKA BİRLEŞİK DEVLETLERİ'NDE BAŞKANLIK SEÇİMLERİ

ABD örneğinden başlayacak olursak, uygulandığı haliyle Amerikan seçim sisteminin, yani "çift meclisli, iki dereceli, tek turlu ve çoğunluk esaslı" seçim sisteminin en

başından itibaren birçok yönden kusurlu olduğunu fark e-
deceğiz.

Bilindiği gibi ABD'de başkanlık seçimleri iki dereceli
olarak uygulanıyor. Senato ve Temsilciler Meclisi halk ta-
rafından tek turda, aynı gün belirlendikten sonra seçimi
kazanan delegeler bir kereye mahsus "Seçiciler Kurulu"
adıyla toplanarak başkanı seçiyorlar... Her ne kadar siyasi
teamüller gereği seçici üyeler söz verdikleri gibi kendi
parti adaylarına oy veriyor olsalar da, bunun bir garantisi
yok. Sonuçta halk, başkanı doğrudan seçmiyor ve ABD'
deki tanımıyla *faithless electors* (sadakatsiz seçiciler) gibi
bir sürpriz her şeyi altüst edebilir.

İki dereceli seçimin bir başka sakıncalı yönü ise,
demokrasinin özüne ters düşmesi. Ünlü İngiliz filozof ve
siyasetçi John Stuart Mill'e (1806-1873) göre seçmen, si-
yasi ideolojisine ya da söylem tarzı gibi şekli kriterlere
bakarak değil, vekaletini vereceği kişiye olan saygısıyla
oy verme eyleminde bulunacaktır.

Aslında buradaki ifadenin yorumu açıktır:

Seçmen, demokrasi içerisinde dahi olsa bir çeşit vesa-
yeti kendi eliyle sistemin içerisine kabul ediyor. İşte Mill,
demokrasinin ruhuna esastan aykırı olan bu uygulamayı
XIX.yüzyıldan eleştirmeye başlıyor.

Suudi Arabistan gibi görece en katı teokratik monarşilerin hakim olduğu yerlerde bile kadınlara oy hakkının gündeme geldiği XXI.yüzyılda halen "iki dereceli seçim"i ortadan kaldıramamış demokratik rejimler ise kendi çelişkileriyle başbaşadırlar. Günümüz ABD'li seçmeninin ne kadarı Mill'in ortaya koyduğu gibi bir "saygı" ya da "vesayet ön kabulü" ile sandığa gidiyor bilinmez; ama bu uygulama ve bununla birlikte işleyen "çoğunluk sistemi" yüzünden bazen kendisi bile anlam veremediği ilginç sonuçlarla karşılaşabiliyor. Çoğunluk usulü yapılan bir seçimde ilgili seçim çevresinde en çok oyu alan parti tüm vekillikleri kazanır. Aradaki fark "tek bir oy" dahi olsa çoğunluk kuralına göre birinci parti o seçim çevresinin(eyaletin) tüm temsilciliklerini kazanmış olur.

Başkanlık seçiminin ABD'de iki dereceli ve çoğunluk usulü sistemle yapılmasından dolayı seçimlere olan katılım oranları da bir hayli düşük oluyor. Bunun en önemli nedenlerinden birisi ise, ABD'de Demokrat-Cumhuriyetçi taban arasındaki farkın çok olduğu eyaletlerde azınlıkta kalan seçmenlerin sandığa gitmeme arzusunda olmalarıdır. Kullanacağı oyun boşa gideceğini bilen seçmenin sandığa gitmemesi gayet anlaşılır bir davranıştır; ve ideal demokrasilerde bu tip arızaların ivedilikle giderilmesi gerekmektedir. Parlamenter demokrasilerde, bilhassa yüksek ulusal baraj uygulanan ülkelerde de benzer seçmen yönelimleri görülmektedir. Ayrıntı gibi görünen bu olumsuzluk, önüne geçilemediği takdirde uzun vadede demokratik rejimi temelinden sakatlayacak en büyük arızalardan birisi olma potansiyeline sahiptir.

Parlamentonun çift kanatlı olması ABD'nin, hatta Almanya ve Rusya gibi devletlerin tarihteki oluşum süreçleriyle ilintili olarak idari yapılanmalarına uygun görünen, en azından ters düşmeyen teknik bir olgudur. Nitekim, bu üç cumhuriyet de federatif yapıda cumhuriyetlerdir ve çift meclislidirler.

Son olarak tek turlu cumhurbaşkanlığı seçimi üzerinde biraz kafa yormak gerekecektir. ABD örnegimizde bunun bir sakıncası yok; çünkü sistem kendi işleyişi içerisinde iki partili olarak süregelmiştir. İki partili olması özel bir durumdur ve her ülkeye uymayabilir. Yarı başkanlık sisteminin hakim olduğu Fransa'daki cumhurbaşkanlığı seçim sistemi ve 2019 yılında başkanlık sistemine geçecek olan Türkiye'nin, ilk defa 2014 Cumhurbaşkanlığı seçiminde uyguladığı iki turlu seçim ise ikiden fazla siyasi partinin olduğu modeller için mecburidir.

Anayasadaki değişiklik uyarınca, Türkiye'deki cumhurbaşkanlığı seçimlerinin, 2019'da meclis seçimleriyle birlikte yapılacağı öngörülmektedir. Meclis seçimi tek turda kesin olarak neticelenecek; fakat cumhurbaşkanının seçilebilmesi için salt çoğunluk, yani %50 +1 aranacak. Hiçbir aday bu salt çoğunluğu elde edemezse, en yüksek oyu almış iki aday final turu için yarışacak.

Cumhurbaşkanının seçilme usulü, seçmenin parlamentoyu ve cumhurbaşkanını birbirinden bağımsız olarak seçebilecek olması gayet makul. Cumhurbaşkanının ikinci turda seçilebilmesi durumunda, seçilmiş cumhurbaşkanı büyük olasılıkla kendi eğilimleriyle aynı ağırlıkta olmayan bir meclisi karşısında bulacak; aslında bu da bazı yan etkilerini kendi içerisinde barındırmakla beraber iyi bir özelliktir. ***Ancak, parlamento temsiliyetinin adil olmadığı hiçbir halde bu sistemin olumlu tarafları gözlenemez.*** "Tek Bölge Formülasyonu"nun asıl böyle bir sistem üzerinde tatbikinin, parlamanter sistemde olduğundan daha büyük bir iştiyak ve özenle savunulması gerekir. Parlamenter sistemdeki "hükümet kurabilme" ya da "gensoru riski" gibi endişeler de artık olmadığından, hiç olmazsa yasama organı olan TBMM'nin demokratik esaslara uygun biçimde sağlıklı teşkiline, temsil niteliğinin dolayısıyla meşruiyetinin yüksek olmasına özen gösterilmelidir.

Türkiye için 2019'da nasıl bir tablo ortaya çıkacak bekleyip göreceğiz. Biz bu süre zarfında devlet başkanının belirlenmesinde iki dereceli-çoğunluk usulü sistemi uygulayan ABD'ye geri dönelim ve çarpıklığı somut veriler eşliğinde görelim.

ABD 2016 Başkanlık Seçimleri aşağıdaki gibi neticelenmiş ve cumhuriyetçi aday Donald J. Trump bu sonuçlara göre seçimi kazanmıştır.

	aldığı oy	oransal
Trump	**62.984.825**	**%46,1**
Clinton	65.853.516	%48,2

Seçimlere Katılım :
%54,7

Halk Oylaması

D. Trump : %46,1
H.Clinton: %48,2

Seçiciler Kurulu Oylaması

D. Trump : 304
H.Clinton : 227

Sadakatsiz Delege

D.Trump : 2
H:Clinton : 5

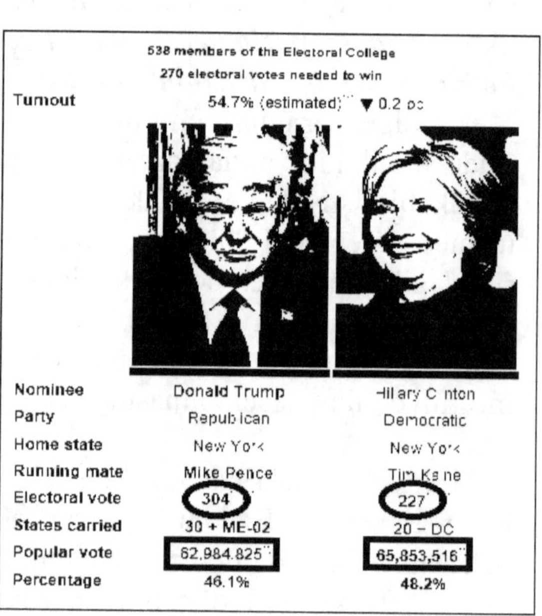

Tablo çok açıktır. Demokrat aday Hillary Clinton rakibine neredeyse üç milyon oy fark atmıştır; ancak ABD' deki seçim sistemi yüzünden başkan olamamıştır. Bunun savunulabilir hiçbir yanı yoktur ve konuya en uzak insanların bile kabullenemeyeceği ilginç bir seçim mantığı işlemektedir. Seçimlere katılım oranının %54,7 gibi çok düşük bir oran olduğuna da ayrıca dikkat ediniz. ABD'deki seçimlerde katılım genellikle bu seviyelerdedir; ancak başkanın doğrudan halk tarafından seçilmesi halinde bu oran da yükselecektir.

DANİMARKA'DAKİ PARLAMENTOCU UYGULAMALAR VE HÜKÜMET FORMASYONLARI

Danimarka, anayasal monarşi ile idare edilen üniter yapılanmış tipik bir Kuzey Avrupa ülkesidir. 1953 Anayasası ile birlikte parlamento Türkiye'deki gibi tekil hale getirilmiş, adı *Folketinget*.

Folketinget, 179 üyeden oluşuyor ancak bunların dördü otonom bölgeler Grönland ve Faroe Adaları'ndan 2+2 olarak geliyorlar. Danimarka'daki majör partiler buralarda yoklar; o nedenle Danimarka ana ülkesi, Folketinget'de 175 parlamenter ile temsil ediliyor.

Seçmen esnek oy kullanabiliyor, partisinin listesini onaylamakla birlikte adaylardan herhangi birisini tercihinde öne çıkarabilir. Bununla birlikte seçim öncesinden belli sayıda imza getiren bağımsız adaylar da seçimlere katılmaya hak kazanıyorlar.

Ülke genelinde uygulanan baraj sadece %2.

Üzerinde en son 1991 yılında düzenleme yapılmış oylama sistemini belirleyen kanuna göre 175 sandalyeyi dağıtırken ilk 135 için modifiye versiyonlu Sainte-Laguë, düzeltme faktörü olarak ayrılan 40 için ise en büyük artık yöntemi ve Hare kotası (basit kota) kullanılıyor.

Parlamentarist birçok ülkenin aksine Danimarka'daki siyasi partiler seçimlere iki "ittifak" halinde katılıyorlar. Sağ ve sol yelpazedeki partiler Maviler-Kırmızılar (Blå-Rød) olarak pozisyonlarını belirlerler ve seçimin ertesine fazlaca bir iş bırakmamış olurlar.

Kırmızı ittifak şu partilerden oluşuyor:
Socialdemokraterne, De Radikale Venstre, SF,
Enhedslisten ve Alternativet.

Mavi ittifakı oluşturan partiler ise şunlar:
Venstre, Dansk Folkeparti, De Konservative,
Liberal Alliance ve Kristendemokraterne.

Parlamento aritmetiği bazen çok kritik, neredeyse yarı

yarıya bir kompozisyon ortaya çıkarabilir. İşte böyle zamanlarda Grönland ile Faroe'nin ikişer vekili dahi hükümet kurulabilmesi için çok hayati önem taşıyabilirler; o nedenle buralardaki partiler de ittifaka (sağdakiler Mavi, soldakiler Kırmızı olarak) dahil edilirler.

Danimarka'nın iki büyük partisi, Kırmızı İttifaktan Sosyal Demokratlar(merkez sol) ve Mavi İttifaktan Venstre(merkez sağ) liderleri, seçimleri kaybetmeleri halinde parti liderliklerinden istifa edeceklerini ilan ettiler; ve bu ortamda 18 Haziran 2015 günü yapılan *Folketinget* seçimlerinde aşağıdaki sonuçlar elde edildi.

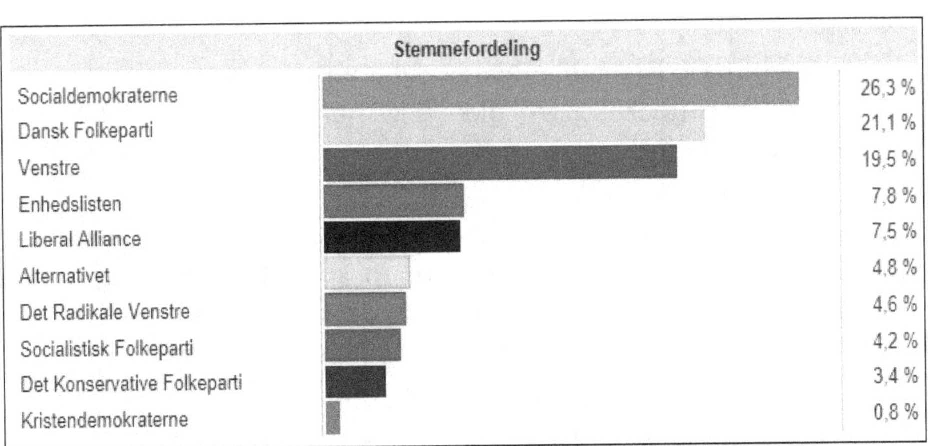

Sosyal Demokratlar seçimlerden birinci parti olarak çıktı
(Katılım oranı = %85,8)

Seçim sonuçları Sosyal Demokratlar için buruk bir sevinç olmuştu. Çünkü parti birinci gelmiş ancak ittifaktaki diğer partiler çok düşük oylar aldıkları için Kırmızılar %47,7 ile Mavilerin gerisinde kaldılar ve Sosyal Demokratların lideri Helle Thorning-Schmidt parti genel başkanlığından istifa etti.

Sonuçta, Sosyal Demokratlar birinci olmalarına, üstelik oy oranlarını da arttırarak birinci olmalarına rağmen iktidarı kaybetmiş bulunuyorlardı. Öte yandan, Folketinget'deki aritmetik hiçbir partiye tek başına bir iktidarı da mümkün kılmamıştı. İşin ilginç yanı seçimlerin üçüncü partisi Venstre, Mavi ittifak % 52,3 aldığı için iktidara geliyordu.

Seçimlerin üzerinden henüz daha on gün geçmemişti ki, Venstre'nin lideri Lars Løkke Rasmussen, "Mavi renkli" hükümetini kurdu.

İşte seçimlere ittifak halinde girilmesinin avantajı burada. Sağ ve sol oyların 50-50 civarı seyrettiği Danimarka ölçeğinde bir ülkeyi ele alıyorsak, seçimlere iki ittifak halinde girmek sonrasında oluşacak tıkanıklıkları daha rahat yönetebilme adına gayet mantıklı. En önemlisi, parlamentocu yönetimlerin kabusu gibi görünen "Hükümet bunalımı"nın önüne geçilmekte; böylece uzun sure hükümetsiz kalınması ve buna bağlı olarak bir sistem krizinin başlaması gibi ihtimaller asgariye indirilmektedir.

Rasmussen hükümetinde Mavi ittifak partilerinin hepsi yok. Dansk Folkeparti, bu hükümete dahil olmak istemedi ve hükümeti dışarıdan destekliyor. Bu haliyle Rasmussen hükümeti üçlü bir azınlık koalisyonu olarak görevini sürdürüyor ve henüz bir kriz çıkmadı. Seçimler muhtemelen zamanında, yani 2019'da yapılacak.

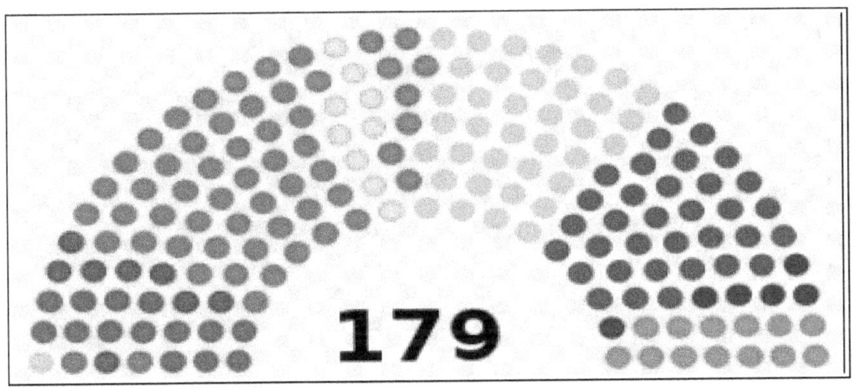

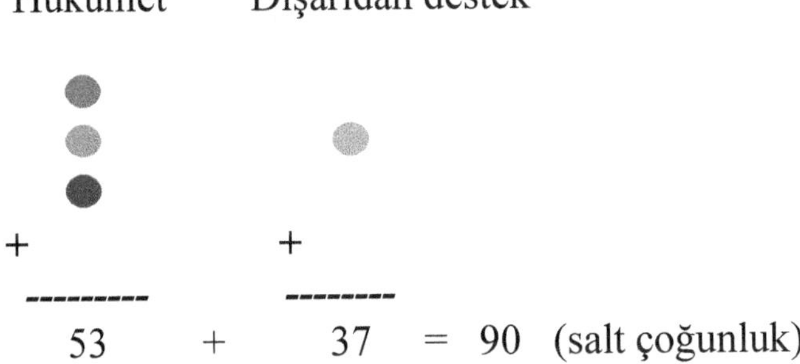

$$53 \quad + \quad 37 \quad = \quad 90 \quad \text{(salt çoğunluk)}$$

Danimarka ana ülkesi coğrafi olarak 10 seçim çevresinden oluşuyor. Bunlar; Kopenhag, Kopenhag bölümü, Kuzey Zelanda, Bornholm, Zelanda, Fyn, Güney Jutland, Doğu Jutland, Batı Jutland ve Kuzey Jutland.

Seçimlerde partilerin hangi seçim çevrelerinden ne kadar sandalye kazandıklarını, bunların ne kadarının 135'lik kontenjandan ne kadarının 40'lik ek kontenjandan paylaştırıldığını aşağıdaki tabloda görebiliyoruz.

Seçimlerden %26,3 oy oranı ile 47 sandalye kazanan birinci parti Sosyal Demokratların 4 sandalyesi ek kontenjandan (T) gelirken, sonuncu olan Muhafazakar Halk Partisi'nin (*Det Konservative Folkeparti*) 6 sandalyesinden 5'i, Venstre'nin ise sadece 1 sandalyesi ek kontenjandan (T) gelmiştir.

Parti	Mandater i alt	Hovedstaden				Sj.-Sydd.			Midt-Nordj.		
		Kbhvn.	K.omegn	Nordsj.	Bornh.	Sjæll.	Fyn	Sydj.	Østj.	Vestj.	Nordj.
Socialdemokraterne	47	4	4	3	1	8 (7K + 1T)	5 (4K + 1T)	5	7 (6K + 1T)	4	6 (5K + 1T)
Dansk Folkeparti	37	2	3	3 (2K + 1T)	-	7 (6K + 1T)	4 (3K + 1T)	6	5 (4K + 1T)	3	4
Venstre, Danmarks Liberale Parti	34	2	2	3	1	5 (4K + 1T)	3	5	4	5	4
Enhedslisten	14	3	1	1	-	2 (1K + 1T)	2 (1K + 1T)	1	2 (1K + 1T)	1T	1
Liberal Alliance	13	2 (1K + 1T)	1	2 (1K + 1T)	-	1	1	2 (1K + 1T)	2 (1K + 1T)	1	1
Alternativet	9	2	1T	1T	-	1T	1T	-	1	1T	1T
Radikale Venstre	8	1	1T	1T	-	1T	-	1T	1	1T	1T
Socialistisk Folkeparti	7	1	1T	1T	-	1	1T	-	1T	-	1T
Det Konservative Folkeparti	6	-	1T	1T	-	1T	1T	-	1T	1T	-

*K: Kredmandater (135'lik oranlar kotenjanı)
*T : Tillægsmandater (40'lık ek kontenjan- Düzeltme faktörü)

Bu sonuçlardan da gayet açık anlaşılacağı üzere Danimarka'daki seçim sistemi, tüm partilerin aldıkları oy nispetinde temsiliyetinin sağlanması hususunda gösterilmiş azami bir çabanın göstergesidir... Nitekim, basit kota ile partiler arasında yeniden bir paylaştırma yapmaya çalıştığımızda da buna yakın sonuçlar ortaya çıkmakta.

Peki aynı oy oranlarını "Tek Bölge Formülasyonu" ile değerlendirmiş olsaydık, nasıl bir Folketinget aritmetiği oluşacaktı?

Geçerli oyların, 175'e oranlanmasıyla seçim sabitimiz (Θ) 20.108 olarak bulunuyor ve partilerin oylarını Θ'ya oranlayarak işlemleri devam ettirdiğimizde oluşacak dağılım tabloda verildiği gibidir.

Social Demokraterne	46	Venstre	34
Enhedslisten	14	Dansk Folkeparti	37
Alternativet	9	Liberal Alliance	14
Radikale Venstre	8	Det Konservative Folkeparti	6
Socialistisk Folkeparti	7	Kristendemokraterne	0

Tablodaki sonuçlar, gerçekleşen sonuçlarla hemen hemen aynı. Tek fark Sosyal Demokratların 47 yerine 46, Liberal Alliance'ın 13 yerine 14 sandalye kazanması. 175 sandalyenin dağılımında görüldüğü gibi Danimarka seçim sistemi ve "Tek Bölge Formülasyonu" yakın sonuçlar verdi; ancak 500-600 sandalyeli parlamentolarda iki formülün ortaya çıkaracağı tablolar birbirinden çok farklı olabilir.

Danimarka'da yapılmakta olan seçimlerin, seçim öncesinden başlanarak oy tasniflerinin tamamlandığı ana kadar temsili demokrasilere en uygun biçimde organize edildiği söylenebilir. En son yapılan seçimlerde katılımın % 85,8 olarak gerçekleşmiş olması ayrıca önemli bir göstergedir. Burada daha çok 10 seçim çevresindeki aday çekişmeleri özelinde bazı çarpık durumların düzeltilmesine ihtiyaç olabilir; ancak şurası da unutulmamalıdır ki, en ideal seçim sisteminde dahi bazı açık noktalar olacak ve bundan kaynaklı sonuçlardan kaybedenler rahatsızlıklarını sürekli ileteceklerdir.

Haziran 2015'deki seçimlerde Kopenhag seçim çevresinde (København Storkreds) karşılaşılan bu söz konusu çarpıklıklardan birisini ele alalım.

Parti	Stemmer	Pct.	+/-	Mandater	+/-	Valgte
A. Socialdemokratiet	96.753	22,3	+3,4	4	+3	Helle Thorning-Schmidt (K) Peter Hummelgaard Thomsen (K) Yildiz Akdogan (K) Mette Reissmann (K)
Ø. Enhedslisten - De Rød-Grønne	71.140	16,4	-0,2	3	-	Johanne Schmidt-Nielsen (K) Finn Sørensen (K) Pelle Dragsted (K)
O. Dansk Folkeparti	49.575	11,4	+3,0	2	-	Peter Skaarup (K) Martin Henriksen (K)
Å. Alternativet	48.475	11,2	ny	2	ny	Uffe Elbæk (K) Carolina Magdalene Maier (K)
V. Venstre, Danmarks Liberale Parti	44.721	10,3	-4,9	2	-1	Søren Pind (K) Jan E. Jørgensen (K)
B. Radikale Venstre	40.578	9,4	-7,3	1	-2	Ida Auken (K)
I. Liberal Alliance	37.935	8,8	+3,0	2	+1	Simon Emil Ammitzbøll (K) Laura Lindahl (T)
F. SF - Socialistisk Folkeparti	28.260	6,5	-5,9	1	-2	Pia Olsen Dyhr (K)
C. Det Konservative Folkeparti	13.471	3,1	-1,9	0	-1	
K. Kristendemokraterne	1.599	0,4	+0,1	0	-	
Udenfor partierne	953	0,2	+0,1	0	-	
I alt	433.460			17	-2	

Radikal Venstre bu çevrede 40.578 oy ile sadece 1 sandalye kazanabilirken, Liberal Alliance 37.935 oy ile 2 sandalye kazanıyor. Gerçekten de ilginç, ama neden böyle?

Danimarka'da uygulanmakta olan tercihli oy sayesinde Radikal Venstre'den Ida Auken, aldığı 10.431 şahsi oy ile yukarıdaki listede adı görünmeyen partidaşı Manu Sareen'i geçerek Folketinget'e girmeye hak kazanıyor. Liberal Alliance'dan ikinci parlamenter olarak Folketinget vizesi alan Laura Lindahl ise 2.691 şahsi oyu ile bunu başarabilmiş.

Radikal Venstre'li Manu Sareen, partisinin oy miktarı daha çok olmasına rağmen ilginç bir biçimde Folketinget'e giremezken, Liberal Alliance'den Laura Lindahl'in 40'lik düzeltme faktörü ile yani ek kontenjandan (T) Kopenhag'daki son sandalyeyi kazandığı ise dikkatlerden kaçmıyor; oysa Manu Sareen'in 6.168 şahsi oyu vardı ve buna rağmen Folketinget dışında kaldı.

Ancak burada karşılaştığımız çarpık durumu açıklayıcı olması açısından ülke genelindeki sonuçlara bir kere daha bakmakta yarar var.

Liberal Alliance :   %7,5

Radikale Venstre : % 4,6

Genel sonuçlarda Liberal Alliance'nin, Radikale Venstre'nin yaklaşık 3 puan önünde olduğu görülmektedir ve 2015 seçimleri baz alındığında bunun Folketinget'de 5 sandalyelik bir fark oluşturması beklenir.

Nitekim, Danimarka İstatistik Kurumu'nun (DST) internet sitesinde ilan edilen sonuçlara göre Liberal Alliance'ye 13, Radikale Venstre'ye ise 8 sandalye düşmüştür. DST'nin verdiği diğer detayları aşağıdaki tablodan görebiliriz.

40'lik ek kontenjandan Radikale Venstre'nin 6, Liberal Alliance'in 4 sandalye kazandığına ayrıca dikkat ediniz. (en sağdaki sütundan)

Resultater - Hele landet

Fintællingsresultat

Stemmeberettigede: 4.145.105
Deltagelse: 85,89 %

Stemmer

Parti	Antal	Pct.	Man-dater	Kreds-man-dater	Tillægs-man-dater
A. Socialdemokratiet	924.940	26,3%	47	43	4
B. Radikale Venstre	161.009	4,6%	8	2	6
C. Det Konservative Folkeparti	118.003	3,4%	6	-	6
F. SF - Socialistisk Folkeparti	147.578	4,2%	7	2	5
I. Liberal Alliance	265.129	7,5%	13	9	4
K. Kristendemokraterne	29.077	0,8%	-	-	-
O. Dansk Folkeparti	741.746	21,1%	37	33	4
V. Venstre, Danmarks Liberale Parti	685.188	19,5%	34	33	1
Ø. Enhedslisten - De Rød-Grønne	274.463	7,8%	14	10	4
Å. Alternativet	168.788	4,8%	9	3	6
Uden for partierne	3.066	0,1%	-	-	-
I alt gyldige stemmer	3.518.987				
Blanke stemmer	29.920				
Andre ugyldige stemmer	11.153				
I alt ugyldige stemmer	41.073				

Genel tablo aslında her şeyi açıklığa kavuşturmuş gibidir. Her iki parti için parlamenter başına düşen seçmen sayısı hesaplandığında;

$$\Theta_{R.Venstre} = 20.126$$
$$\Theta_{L.Alliance} = 20.394$$

Değerler oldukça makul çünkü Danimarka ana ülkesi için yani bölge için hesaplanan genel ''Θ'' değeri de bu civarda.

$$\Theta = 20.108$$

Θ'ya bakarak sandalye dağıtımının gayet adaletli yapıldığını söyleyebiliriz. Hatta Liberal Alliance'ye nazaran daha düşük ortalamayla ve 40'lik kontenjanı daha fazla kullanarak parlamenter seçtiren Radikale Venstre'nin Danimarka'daki seçim sisteminin nimetlerinden rakibine göre daha öok yararlandığını bile söyleyebiliriz.

Çevre ve kişi bazında çelişkili görünse de, ülke geneli dikkate alındığında sonuçlar anlaşılır ve dolayısıyla kabul edilebilirdir. Danimarka ana ülkesindeki parlamento seçimlerinde 135 +40 (düzeltme faktörü) yöntemi de zaten temsildeki adaleti tam sağlayabilmek amacıyla kullanılmaktadır. Bunun tersine %4,6'lık Radikale Venstre'ye 9; %7,5'luk Liberal Alliance'ye 12 sandalye verilmiş olsaydı şimdikinden daha çarpık bir tabloyla karşılaşmış olacaktık. Ancak, buna rağmen seçim çevrelerinde ortaya çıkabilecek örneğimizdeki gibi durumlara karşı Danimarka seçim sisteminin getirebileceği bir çözüm yok.

HİNDİSTAN KENDİ TARZINI OLUŞTURMUŞ

İki kamaralı parlamentoya sahip olan ve seçimlerde tek isimli-çoğunluk sistemini kullanan Hindistan'ı da değerlendirmek gerekir. Hindistan parlamentosunun alt kanadı (**Lok Sabha**) anayasaya göre en çok 552 üyeli olabiliyor.

Bunların 530'u eyaletlerden, 20'si nüfuslarına göre birleşik bölgelerden (union territories) 2'si Anglo-Indians kontenjanından oluşmakta.

Hindistan, en son 1956 yılındaki düzenlemeye göre 29 Eyalet ve 7 Birlik Bölgesi ile toplam 36 birimden oluşan federal bir birliktir. Günümüzde toplam 543 seçim çevresi bulunuyor, son yapılan seçimlerle Lok Sabha için 545 üye seçilmiştir. (543+2)

Anglo-Indians olarak tanımlanan topluluk hiçbir eyalette çoğunluk olamayan, soy bakımından genellikle Hint-İngiliz karışımı ve anadili İngilizce olan insanlardan oluşuyor. Bu topluluğu temsilen iki parlamenter Lok Sabha'ya cumhurbaşkanı tarafından atanıyor. O nedenle, seçim sistemini kritik ederken tüm hesaplamaları 543 sayısı üzerinden yapmak daha doğru olacaktır.

Ülkedeki siyasi yarışın ana merkezleri Kongre Partisi INC(Indian National Congress) ve 1980 itibariyle BJP adını almış olan Janata Partisi'dir. İki major partinin belirleyici olduğu çok partili sistem içinde yıllardır süren bir rekabet söz konusu. Hindistan adeta bir parti cenneti; Hindistan Seçim Komisyonu tarafından ulusal kategoride tanımlanan yedi büyük parti ve ulusal kategorinin dışında "Eyalet Partileri" olarak sınıflandırılmış onlarca partiden oluşan bir siyasi yapı. Güncel olarak ise mevcut partiler dört büyük ittifak halinde seçimlere giriyorlar. Bu ittifaklardan aşağıda adı geçen ikisi öne çıkanlarıdır.

NDA(National Democratic Alliance): BJP'nin öncü olduğu ittifak.

UPA(United Progressive Alliance): Kongre Partisi'nin öncü olduğu ittifak.

Şimdiki BJP'nin öncülü BJS liderlerinin hapiste olduğu 1975-77 arasındaki olağanüstü hal (OHAL) döneminde yapılan 1977 seçimleri, Hindistan demokrasisi için önemli bir dönüm noktası olarak düşünülebilir.

1967 ile başlayan, 1975'den itibaren ise OHAL karşıtlığı temelinde kendisini belli eden ittifak çalışmaları, sağ-sol ve merkez birçok partinin Janata çatısı altında 1977 seçimlerine katılmaları ve Kongre Partisi'nin 30 yıllık iktidarına son vermeleriyle amacına ulaşmıştır.

Bu yönüyle 1977 Hindistan seçimleri, 1950 Türkiye seçimleriyle benzerlikler taşımaktadır.

Bilindiği üzere, Türkiye'de 1950 seçimleriyle 27 yıllık CHP iktidarı yerini DP'ye bırakmıştı ve bu değişim kurucu parti CHP içindeki bir grubun partilerinden ayrılıp, 4-5 yıl kadar sürdürdükleri çalışmalar sonucunda ama en önemlisi serbest seçimler yoluyla olmuştu. Hindistan'da ise çok partili bir rejim zaten mevcuttu; fakat sürekli Kongre Partisi seçimleri kazanıyordu... 1977'deki değişim işte bu monotonluğa, daha doğrusu monoton idarenin son dönemlerinde uyguladığı OHAL'e bir cevap niteliğindedir.

1990-2014 yılları arasında çok partili koalisyonların Hindistan'ı yönettiği görülüyor.

Hindistan her ne kadar ilk başlarda İngiliz tipi (Westminster modeli) bir parlamenter demokrasi olarak değerlendirilmiş ise de, geride bırakılan yetmiş yılda bundan sıyrılarak kendisine has çok partili bir rejimin sembolü olmuştur. Günümüzde "Hindistan tipi çok partili demokrasi" adıyla yeni bir kategori açmak Hindistan'ın Westminster modelinde ele alınmasından daha gerçekcidir. Ülkenin kendi özel koşullarından mesela demografik yapısından, inanç çeşitliliğinden ve bunun gibi bazı etkenlerden ötürü Hindistan'ın demokrasisi yıllar içerisinde bugünkü görünümünü almıştır. Bunların dışında her demokrasinin yaşadığı zorlu başlangıç evrelerini, yani rejimin ergenlik sendromunun etkilerini de hesaba katmak gerekecektir. Sonuç olarak, yaşanan onca krize ve sarsıcı suikastlere rağmen Hindistan, demokrasi yolundaki zorlu sınavlardan başarıyla çıkmış ve bugünlere gelebilmiştir.

Tek isimli tek turlu seçimlerde adaylar doğal olarak

çoğunluk usulüyle seçiliyorlar. Bu sistemin sakıncalarını, ortaya çıkardığı çarpık durumları çeşitli defalar izah etmiştik.

En iyisi son seçimlere, 2014'deki seçimlere bakalım ve halihazırdaki temsil sisteminin Lok Sabha'da ortaya çıkardığı çarpık dağılımı sorgulayalım.

Katılımın %65,3 gibi vasat sayılacak bir oranda gerçekleştiği seçimlerde beklenildiği gibi Janata Partisi ve Kongre Partisi ilk iki sırayı almışlar.

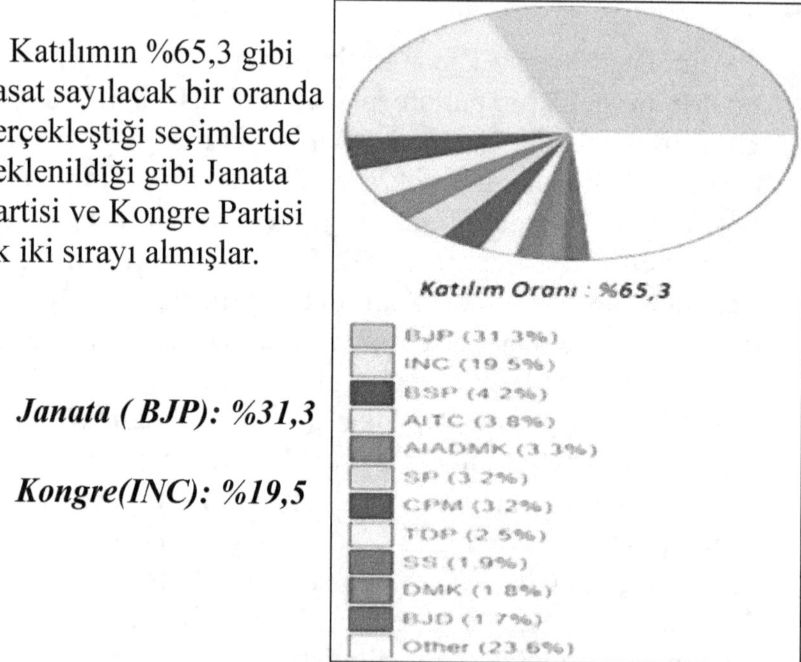

Janata (BJP): %31,3

Kongre(INC): %19,5

Ancak bu iki ana partinin Lok Sabha'daki ağırlığı "tek

isimli-tek turlu" çoğunluk usulü nedeniyle genel oylardaki oranlardan oldukça farklı.

Lok Sabha'daki aritmetik dağılım aşağıdaki gibidir.

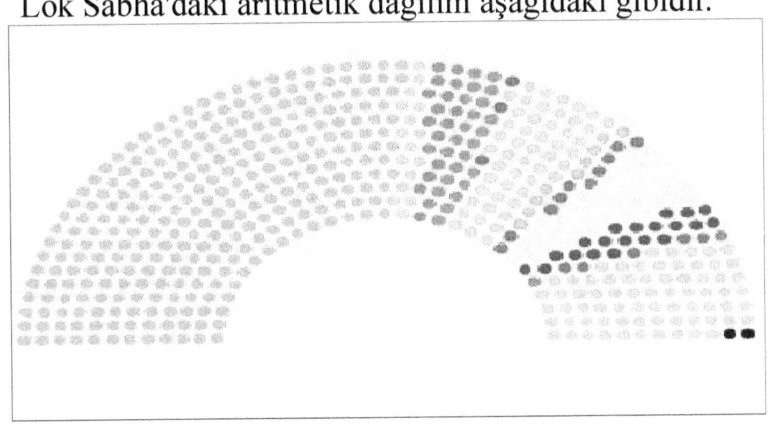

BJP : 282   INC : 44

BJP aldığı %31,3 oya karşılık Lok Sabha'daki sandalyelerin %51,7'sini kazanırken, INC %19,5 oy ile sadece %8'lik bir temsil hakkı elde ediyor.

Tek turlu-tek isimli çoğunluk usulü ile yapılacak bir seçimden hakkaniyet noktasında daha iyisini beklemek hayalcilik olurdu. Sonuçta, bir oy bile olsa rakiplerinden daha fazla oy alan parti o çevrenin temsiliyetini kazanıyor. Böyle bir sisteme rağmen Hindistan'daki seçimlere katılım oranının benzer çarpık sisteme sahip ABD ve Japonya'daki katılım oranının üzerinde olması ülkenin artı hanesine yazılabilir.

Aşağıdaki haritada Hindistan seçim sisteminin yol açtığı aşırı durum net bir şekilde görülmekte. Turuncu ve turuncu tonlardaki seçim çevrelerinde BJP'nin başını çektiği Janata İttifakı (NDA) basit çoğunluğu sağlamak suretiyle Lok Sabha'nin yüzde 61,8'lik çoğunluğuna sahip olmuştur. Genel oylarda BJP'nin 12 puan aşağısında oy alan Kongre Partisi ve ittifakı (UPA) ise sistemin kurbanı olarak ancak 11'lik temsil hakkı kazanabiliyor. (Mavi renkteki tonlara bakınız)

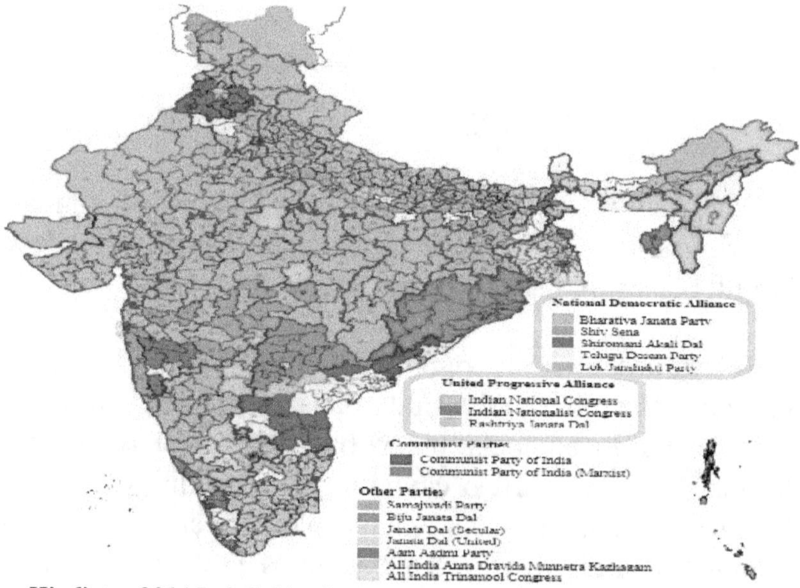

Hindistan 2014 Lok Sabha Seçimlerinin çevreler bazındaki sonuçları

Sonuçlar BJP'nin tek başına hükümet kurabilmesine yetiyor; ancak "Seçimlere ittifaklar halinde gidilmesi, başarı/başarısızlık durumlarının da paylaşılmasını gerektirir." mantığından hareketle BJP'nin öncülüğünü yaptığı 14 partili koalisyon tarafından Ulusal Demokratik İttifak (NDA) koalisyon hükümeti kuruluyor. Seçim ittifakında olup koalisyona dahil olmayan birkaç partinin yerine ittifak dışından gelerek koalisyona giren partiler olsa da genel çerçeve bu şekildedir.

Hükümeti kurma hususunda benimsenen bu ya da buna benzer yaklaşımların bazı olumlu yanları mevcuttur.

Birincisi, ittifaktaki öncü partinin "Nasıl olsa salt çoğunluğu elde ettik, sandıktan tek parti hükümeti çıktı." fırsatçılığına kapılmayarak ittifakın ruhuna ve şayet varsa- ki ittifakın ortak paydalarıdır bunlar- vaad edilen ana ilkelere sahip çıktığını gösteriyor.

İkinci önemli nokta ise hükümetin arkasındaki oy desteği. 2014 sonuçlarına göre kurulan hükümetin toplam yüzde 39'a varan bir halk oyu bulunmakta ve bu sadece BJP'nin aldığı yüzde 31,3'den her halükarda daha kabul edilebilirdir. BJP dışındaki irili ufaklı koalisyon ortaklarının oy toplamı yaklaşık yüzde 8. Böylece hem hükümet geniş tabanlı bir yapıya kavuşmuş oluyor, hem de seçim sistemindeki çarpıklık bir nebze de olsa telafi edilmiş oluyor.

Tek isimli-tek turlu çoğunluk usulüne rağmen iki partili sistemi ortaya çıkaramayan aksine çok sayıda partinin sisteme dahil olduğu Hindistan örneğinde, azınlık hükümeti bile olsa birden çok sayıda partinin bir araya gelerek oluşturduğu hükümetler, tek partinin tüm yasama dönemi boyunca hükmetmesinden daha iyi sonuçlar verecektir. Savımız ilk bakışta çelişkili durabilir; ancak sistemin iki partili sisteme evrilememiş olması ve ülke genelinde 1951'den 1990'ların ikinci yarısına kadar aralıklı olarak devam eden siyasi gerginlik göz önüne alındığında bugünün on dört partili koalisyonu daha iyi anlaşılacaktır.

CUMHURBAŞKANLIĞI SEÇİMİ İÇİN BİR ALTERNATİF

Hindistan, özgün parlamentarist rejiminin ve siyasi partiler formasyonunun yanı sıra cumhurbaşkanlığı seçimleri için uyguladığı seçim algoritmasıyla da farklı olduğunu gösteriyor.

Parlamentonun iki kanadı (Rajya Sabha ve Lok Sabha), eyaletlerdeki alt meclisler (Vidhan Sabha) ve Delhi gibi meclisi olan birleşik bölgelerdeki seçilmiş temsilcilerden oluşturulmuş bir "Seçiciler Kurulu" cumhurbaşkanını seçiyor. Seçiciler Kurulu'nun farklı katsayılara (ağırlığa) sahip iki ana gruptan müteşekkil olması buradaki sistemi benzerlerinden farklı kılan en önemli ayrıntıdır.

Eyalet alt meclisleri ve birleşik bölgelerden gelen temsilcilerin katsayıları parlamentodaki temsilcilerden daha düşük.

Kolaylık olması açısından bu gruptakileri (MA) olarak gösterelim.

$$MA = \frac{\text{Eyaletin(bölgenin) toplam nüfusu}}{\text{(Temsilciler toplamı)} \times 1000}$$

Her eyalet ve bölge için farklı (MA) değerleri ortaya çıkacaktır, nüfusun yüksek olduğu yerlerdeki temsilciler doğal olarak daha ağırlıklı (MA) değerlerine sahip olurlar. Daha iyi anlaşılabilmesi için sadece iki yerdeki istatistiği görmek yeterli olacaktır.

	temsilci	nüfus (*)	katsayı
Goa	40	795,120	20
Gujarat	182	26,697,475	147

(*) Nüfus verileri 1971 yılına aittir.

Nüfusun az olduğu, nüfusa oranla bölge meclisindeki temsilci sayısının fazla olduğu Goa Eyaleti'nin katsayısı;

$$MA_{Goa} = \frac{795.120}{40 \times 1000} = 19,87 \approx 20$$

Aynı formülle Gujarat Eyaleti'nin katsayısı ise 147 olarak bulunuyor. Bu işlemlerin yorumu açıktır:

Eyalet veya bölge ne kadar büyükse ve o büyüklüğe oranla meclisinin mevcudu ne kadar azsa, temsilcinin Seçiciler Kurulu'ndaki ağırlığı da o nispette yüksek olsun.

Formül bunu sağlamak amacıyla tasarlanmıştır. Böylece, Seçiciler Kurulu'nda Gujarat'lı bir temsilcinin oyu, Goa'lı bir temsilcinin oyundan yaklaşık yedi kat daha değerli hale getiriliyor.

Seçiciler Kurulu'nun parlamento kısmına gelindiğinde buradaki temsilcilerin yani Rajya Sabha ve Lok Sabha üyelerinin eşit derecede, aynı katsayı değerlerine sahip olduğunu göreceğiz. Parlamentonun toplam ağırlığının, yerel meclislerden gelen ağırlıklar toplamına eşit olduğunu söyleyebiliriz. Bu katsayının hesabı daha da kısadır; kolaylık olması açısından (MP) olarak gösterelim.

EN DEMOKRATİK ARİTMETİK

$$MP = \frac{\text{Yerel Meclislerin Ağırlıklı Oy Toplamı}}{\text{Parlamento Mevcudu}} \approx 708$$

MP değeri yaklaşık olarak 708 çıkar, yani parlamentonun hangi kanadından olursa olsun bir parlamenterin katsayısı 708'dir.

Parlamento mevcudu ise Rajya Sabha'nın 233, Lok Sabha'nin 543 üyesinin toplamı olarak 776'dir. Lok Sabha'daki Anglo-Indian iki parlamenterin seçilmiş değil, atanmış olduğu hatırlandığında taşlar iyice yerine oturmuş oluyor. Sonuçta, cumhurbaskanını seçecek kurulun kendisinin de tamamen seçilmişlerden oluşması gerekmektedir ve bu dengeyi bozacak herhangi bir düzenlemenin aynı zamanda cumhuriyetçi rejimle de esastan çelişki oluşturacağı su götürmez bir gerçektir.

Cumhurbaşkanlığı seçimlerinde kullanılan 1/1000 ölçekli ve iki dereceli oylama yönteminde 1971 yılından beri aynı nüfus verileri kullanılıyor. Bu oylama formülünün ve sabit nüfus ölçüsünün 2026 yılına kadar değişmeyeceği öngörülmekte.

1992 ve 2007 yılında yapılan seçimlerin sonuçlarını görmemiz sistemi daha net anlamamız için faydalı olacaktır.

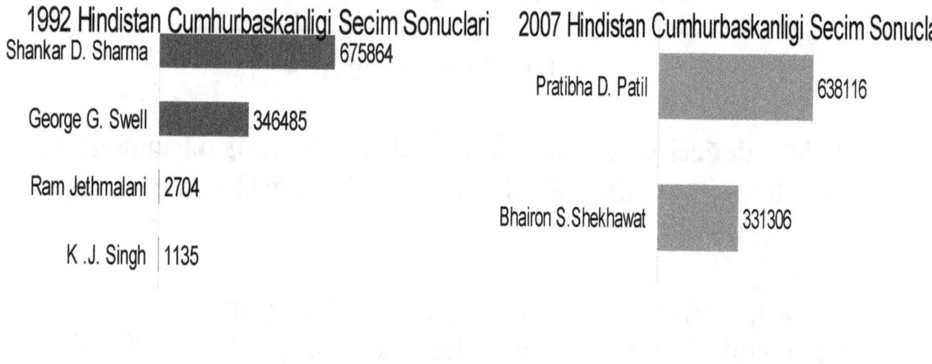

Toplam Oy =1.026.188   Toplam Oy =969.422

Hindistan'daki cumhurbaşkanlığı seçimlerinin mantığını bilmeyen birisi için yukarıdaki bilgiler bir hayli kafa karıştırıcıdır. 1992'de bir milyondan biraz fazla bir oyla seçim yapılabiliyorken 2007 yılındaki seçimde seçmen sayısı bir milyonun da altına düşmüş görünüyor. Oysa, Hindistan'daki nüfus her yıl ortalama yüzde 1,5'luk artış göstermekte.

Her bir parlamenter 708´lik oy değerine sahip olurken bölgesel meclislerden gelenlerin farklı farklı değerlerde oylara sahip olmaları, (1/1000) ölçeğinin uygulanması, 1971 nüfus verilerinin ölçü alınması ve seçim tarihlerinde katılımı az da olsa değiştiren çeşitli faktörlerin sonucu olarak yukarıdaki fark (ve aslında aynılık) ortaya çıkmıştır.

Hindistan'da 776'si parlamenter ve 4120'si bölgesel temsilci olmak üzere toplam 4896 seçici, ağırlıklı toplam değer olarak "bir milyonu" biraz aşan oy miktarıyla cumhurbaşkanını seçiyorlar.

Cumhurbaşkanlığı makamı diğer parlamenter modellerde olduğu gibi burada da semboliktir, Hükümet başkanı (Başbakan) yürütmenin başı. Ancak, her cumhurbaşkanlığı seçimleri döneminde partiler ve ittfaklar adına bazı adaylar ortaya çıkmış, bunun yanı sıra herhangi bir taraftan olmayan adayların da seçimlerde ciddi oylar alabildiği görülmüştür.

Bu ülkede 1979'daki hükümet bunalımının ardından cumhurbaşkanlarının daha aktif roller üslendiğini de söyleyebiliriz. Geçici hükümetlerin hazırladığı kritik kararnameleri geri çevirmeye başlamaları, hükümetin daha çabuk kurulabilmesi için klasik yolu izlemek yerine tıpkı 1990'ların Türkiye'sinde Süleyman Demirel'in yaptığı gibi başbakanlık potansiyeli taşıyan liderlere 2-3 haftalık makul süreler tanıyarak en sonunda çoğunluğu saylayabilecek olanı görevlendirmeleri bunu gösteriyor.

Cumhurbaşkanı seçildikten sonra cumhurbaşkanı yardımcılığı seçimi için ayrı bir seçiciler kurulu daha oluşturuluyor ve bu sefer "devredilebilir oy" yöntemiyle yardımcılık makamına gelecek kişi belirleniyor.

Federal bir cumhuriyet olarak Hindistan demokrasisinin benzer yapıdaki ABD ve Almanya ile karşılaştırıldığında bilhassa ABD'den, gerek seçimlere katılım yüzdesi gerekse devlet başkanının seçilme usulü yönüyle üstün olduğu açıktır. ABD'de başkan adayı, yardımcısını da içine alan bir ekiple seçmeninin karşısına çıkıyor ve sadece kendisini değil yardımcısını da seçtirmiş oluyor. Hindistan'da ise cumhurbaşkanı yine iki dereceli olmasına rağmen daha makul bir seçiciler kurulu ile, yardımcısı ise ayrı bir kurul ile belirleniyor.

Parlamento seçimleri yönüyle daha karmaşık bir modele sahip Almanya'da ise seçimlere katılım yüzdesi Hindistan'ın üzerindedir. Bununla birlikte, her iki ülkede de devlet başkanlığı makamının sembolik ve partiler üstü oluşu, dolayısıyla parlamentarist idarenin net biçimde benimsenmiş olması, Hindistan-Almanya ikilisini ABD'den farklı bir kategoriye - demokratik idealde daha iyi bir konuma- yerleştirir.

PARTİ SİSTEMİNİN ZORLANDIĞI VEYA SİSTEMİN BÜTÜNÜNÜ ZORLADIĞI HALLER

İki önemli siyaset bilimci *Giovanni Sartori* ve *Maurice Duverger*, Hindistan'daki çoğunluk usulü sistemine ilişkin kısmen örtüşen iki bakış açısı ortaya koymuşlardır.

Duverger'in ortaya koyduğu teorik yaklaşıma göre çoğunluk formülünün iki partili bir sistemi getireceği düşünülüyordu; fakat Hindistan'da başka bir şey oldu ve olağanüstü derecede çok parti ortaya çıktı. Evet, aslında çok partili meclis-çok partili koalisyon hükümetlerinden oluşan siyasi model karşısında Duverger'in görüşleri ilk etapta geçerliliğini yitirmiş gibi görünüyordu; ancak daha özel bir değerlendirmeye tabi tutulduğunda buradaki durumun biraz farklı olduğu anlaşıldı. Nitekim, ülkedeki iktidar yarışının iki majör parti arasında süre gelmesi onu doğrulamaktadır.

1977'de iktidarın seçimler yoluyla el değiştirmesinden sonra ittifaklar arasındaki olası aykırılıklar ve doğacak hükümet krizleri ülkedeki siyasi partiler sisteminde ciddi değişimlerin önünü açabilirdi. Ve hatta 1980'e kadar da bir ölçüde yaşanıldı bu; ancak sorunlar yine de parlamenter model içerisinde çözüme kavuşturuldu. 1980'deki seçimlerle birlikte, Hindistan'daki parti sisteminin iyice yerine oturduğunu merkezdeki iki büyük partinin ve bu partilerin öncü olduğu iki büyük ittifakın (UPA ve NDA) devamlılığından anlıyoruz.

Sartori'ye göre ise seçim sisteminin etkili olabilmesi için öncelikle ülkedeki parti sisteminin yapısallaşmış olması gerekmektedir. Yani Hindistan'da ortaya çıkan siyasi sistem gayet normal. Hatta çoğunluk usulü sayesinde küçük partiler güçlenme şansı bulamadıkları için sistem çok partili ama özünde iki partinin hegemonyasında işliyor.

Peki, Sartori'ye göre normal seyrinde devam eden bu sistemde sosyal-demografik değişimle birlikte bir çözülme yaşanmaya başlarsa ne olur?

Asıl sorun burada, çünkü Sartori'ye göre mevcut seçim sistemi sayesinde Hindistan, nispi temsil formülünün getireceği istikrarsızlıklara ve arkasından gelecek rejim bunalımlarına karşı da korunmaktadır.

Bugün için sakıncalı görünen nisbi temsil formülünün mesela d'Hondt ya da Saint-Lägue gibi bir formülün ileri zamanlarda tam tersine kurtarıcı olarak düşünülmeyeceğinin de bir garantisi yoktur. "Yapısallaşma" esasen çok da somut bir kavram değil ve İngiltere gibi parlamentarist-çoğunlukçu modelin anavatanı olan bir ülkede bile parti sistemi değişim sinyalleri vermeye başlamışsa ve bu değişim seçim sistemini sorgulatmaya başlamışsa durup tekrar düşünmekte fayda var.

Seçim sisteminin siyasi partiler sistemini dayattığını değil, siyasi partiler sisteminin seçim sistemini şekillendirdiğini kabul edelim ve soralım:

Bir ülkede sosyal-iktisadi değişimlerim etkisiyle girilecek yeni bir safhada alternatif partilerin taban bularak iktidara ortak olmaları ve konjonktür partisi ya da marjinal parti kimliğinden sıyrılarak merkeze yaklaşmaya başladıkları süreçte mevcut seçim sistemi ne kadar etkin çalışabilecek?

Mevcut seçim sisteminin yeni oluşacak parti sisteminin ihtiyaçlarını karşılayamadığı, kriz engelleyici vasfını yitirip, krizin asıl sebebi olarak gösterildiği bir zamanda güncelleme hangi yönde olacak?

Güncelleme olağan yönde yani seçim sisteminin değiştirilmesi istikametinde olabileceği gibi, tersi yönde yani yeni ortaya çıkan /çeşitlenen siyasi hareketlerin mevcut yapıyla, halihazırdaki majör partilerle baş edemeyerek ittifak kurmaları, daha da vahimi eriyerek yok olmaları yönünde de olabilir. Ancak bunlar, iki farklı senaryo olmanın ötesinde iki risk faktörüdür.

En geç 2019 yılı itibariyle parlamenter sistemi terk ederek "Cumhurbaşkanlığı Hükümeti Sistemine" geçecek olan Türkiye'yi gözlemlemek, yukarıdaki soruya bir cevap bulabilmek adına oldukça iyi bir fırsat olacaktır.

Bu gözlem, yeni hükümet sisteminin performansını ölçmenin yanı sıra, parti sisteminin ikili yapıya dönüşüp dönüşemeyeceğini görme ve tüm bunların seçim kanunun-

<u>da</u> yol açacağı muhtemel değişimleri izleme olanağını da bizlere sağlayacaktır.

Türkiye örneğinde şu senaryolar mümkün:

I)   Cumhurbaşkanlığı için iktidar ve muhalefetin birer aday belirleyip karşılıklı iki blok halinde seçimlere hazırlanması. Model başarılı olursa ülkedeki parti sistemini de değiştirebilir ki, zaten istenilen de buna benzer, tıpkı daha önceleri 1946-1960 arasında olduğu gibi dualist (ikili) yapının hakim olması.

II)   Cumhurbaşkanlığı için ikiden fazla adayın olması.

III) Siyasi partilerin TBMM seçimleri için önceden olduğu gibi müstakil partiler olarak kendi listeleriyle yarışması; cumhurbaşkanlığı için ise ortak ya da alternatifli adaylar belirlemeleri.

Birinci senaryo bugün için düşük bir ihtimal, çünkü 2014'deki Cumhurbaşkanlığı seçimlerinde bunun zor olduğu görüldü. O halde, ikinci ve üçüncü senaryolarda olduğu gibi iki güçlü adayın kazanmaya yakın durduğu fakat üç veya daha fazla adayın seçimlere katıldığı senaryolar daha olası görünüyor.

Beklenmeyen ya da daha az beklenen senaryonun yani

birinci senaryonun tutması, modelin "Cumhurbaşkanlığı Hükümeti Sistemi" veya spesifik olarak "Türk Tipi Başkanlık" adıyla kalıcı olacağının işareti olabilir. Bunun nedeni çok açıktır; çünkü partiler sadece cumhurbaşkanı adayını değil, parti listelerini de beraberce belirleyecek oldukları için seçimler iki blok ve bunların adayları arasında geçmektedir. Bu süreçte çevredeki bazı partilerin merkezdeki partilere eklemlendiği, bunu başaramayanların ise ortadan kalktığı görülecektir. En sonunda birkaç marjinal parti sistem içindeki mevcudiyetini korusabile - ki onlar zaten sistem karşısında pozisyon aldıkları için seçim partisi olamazlar - seçim ittifakları kalıcı ittifaklar halini almaya başlar.

Parti sisteminin de değişmesiyle birlikte model iyice yerine oturmaya başlar ve 1960 öncesine benzer bir yapı ortaya çıkar. İktidar mücadelesi ve genel siyaset, merkezdeki iki parti arasında olacağı için yeni yapı bir avantaj olarak nitelendirilebilir. Yalnız bu modelde meclis çoğunluğunun ve cumhurbaşkanlığı makamının farklı partilerde olması da her zaman ihtimal dahilindedir. Gelecek dönemlerde böyle bir ihtimalin gerçekleşmesi halinde model yeniden tartışmaya açılır... Seçim sistemini "dar bölgeçoğunluk" usulüne çevirmek de yeterli olmayabilir, çünkü cumhurbaşkanlığı seçimi ABD'deki gibi iki dereceli yapılmıyor ve seçim sistemindeki değişikliğe rağmen TBMM ve Cumhurbaşkanlığı farklı partilerin hakimiyeti altında olabilir. Uyumlu çalışmanın mümkün olmadığı durumda kaçınılmaz olarak sistem bunalımı, arkasından da merkez partilerinde çözülmeler yaşanacaktır.

İtirazların çoğu cumhurbaşkanının partili kimliğine karşı olacaktır; ama cumhurbaşkanı ve partisi bu itirazlara karşı çıkacaktır. Sistemin "Başkanlık Sistemi" mahiyetinde devam edemeyeceği anlaşıldığı anda bunalımın daha kötü sonuçlar doğurmaması için cumhurbaşkanının seçimlere müteakip istifa etmesi veya buna gerek kalmadan kabineyi oluşturacak bir "başvekil" atanması ve yürütmenin başta cumhurbaşkanı olmak üzere iki başlı olması (Kohabitasyon) gibi formüller gündeme gelebilir. Ancak, buna da itirazlar olur; sonuçta halkın yasama için TBMM'yi, yürütme için cumhurbaşkanını seçtiği varsayılmaktadır.

Nitekim itiraz yerinde bir itirazdır çünkü anayasal düzenlemede o yönde bağlayıcı hüküm bulunmadığı için partilerden bir açılım /feragat beklenemez. Sistem yeterince esnek değildir ama çatışma devam ederse cumhurbaşkanının ve meclisin karşılıklı olarak bulundurduğu fesih hakkı kullanılır; ancak bunun da sistem içi kalıcı çözümü getirmesi zordur.

Sistem tartışmaları neticesinde bir açılım beklemenin dahası günümüz Fransası'nda (Beşinci Cumhuriyet) olduğu gibi "yarı başkanlık" modeline geçmenin tutarlı bir beklenti ya da yol olamayacağını gerekçesiyle birlikte ortaya koyduk. Siyasi belirsizlik eşliğinde yenilenen seçimlerin de sorunu çözemediği ortamda, ikinci turda seçilmiş bir cumhurbaşkanı karşısında meclisten yana kamuoyu oluşmaya başlasa dahi sistem beklenildiği gibi yarı başkanlığa evrilmez ve bir bütün olarak çöker. Kohabitasyonu yani yürütmenin iki başlı ama iki farklı partili olmasını önlemek için getirilen bir sistemin kendiliğinden dönüşüm geçirerek eski sisteme benzemesi neredeyse imkansızdır; zira bu en baştaki değişimin gerekçesine aykırı olacaktır. Sonuç olarak, hükümet sistemi işleyemediği için, parti sistemi ise kriz dönemindeki hizipleşmelerden dolayı çökecektir.

Esasen bu sıkışıklığı birbirinden farklı iki radikal değişiklikle aşmak mümkün.

Birincisi, ABD'deki gibi dar bölge - çoğunluk usulü parlamento seçimleri ve buna ek olarak her türlü eleştiriyi hak eden iki dereceli - tek turlu başkanlık seçimi. Bu değişiklikler, hem hükümet sistemini hem de parti sistemini garanti eder. Tabii parlamentonun da Millet Meclisi ve Cumhuriyet Senatosu biçiminde iki kamaralı olarak yeniden yapılandırılması gerekecektir.

Her ne kadar senato konusu başlı başına bir tartışma konusu olsa da, başkanlık modelli sistemlerde tek meclisli yapıya göre daha iyi işlediği söylenebilir. Doğrusu genel anlamda sorgulanması gereken, senatonun diğer meclisle olan hiyerarşik ilişkisi ve yasama yetkileridir.

JAPONYA: UZAK DOĞU'DA BİR BATI SENTEZİ

Asya-Pasifik'in en ileri teknoloji ülkesi Japonya'nın parlamento yapısını, seçimlerin buna etkisini, artılarını ve eksilerini görelim.

Japonya meclisi (Ulusal Diet) iki kamaralı bir meclis: Danışmanlar Meclisi (Sangiin) ve Temsilciler Meclisi (Shugiin). Temsilciler meclisi(Shugiin) 465 üyeden oluşuyor ve ülkede 1994 yılında yapılan değişiklikle paralel oylama sistemine geçilmiş. Bu sistem uyarınca ülke, her birinden "tek üye"nin seçildiği 289 seçim çevresine ve ayrıca nispi oranla parti listelerinin oylandığı 11 seçim çevresine bölünmüştür.

Tek isimli 289 seçim çevresi aşağıda gösterildiği gibidir. Bu harita üzerindeki her seçim çevresinde 1 milletvekili çoğunluk usulü ile (First-Past-The Post) seçiliyor. Sistemin bu kısmı Hindistan'daki sistem gibidir, tek turda en çok oyu alan aday kazanıyor.

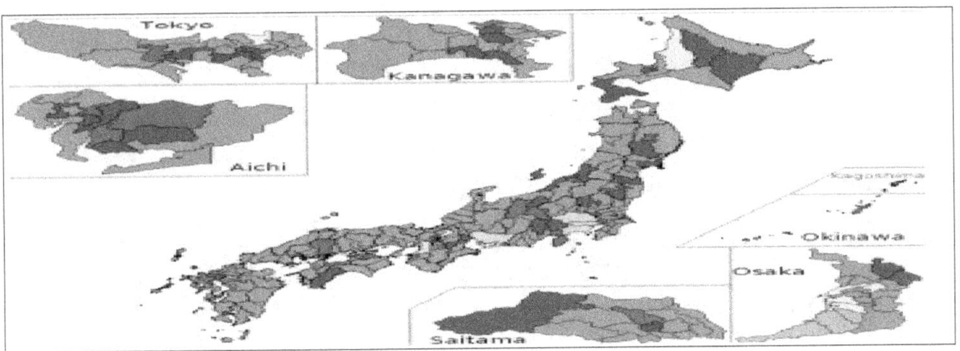

Aşağıdaki haritada ise ülkenin bu sefer 11 seçim çevresine ayrıldığı görülüyor. Bu bölgelerde seçmen, parti listelerine oy veriyor. Partiler alabildikleri oy nispetinde milletvekili kazanıyorlar.

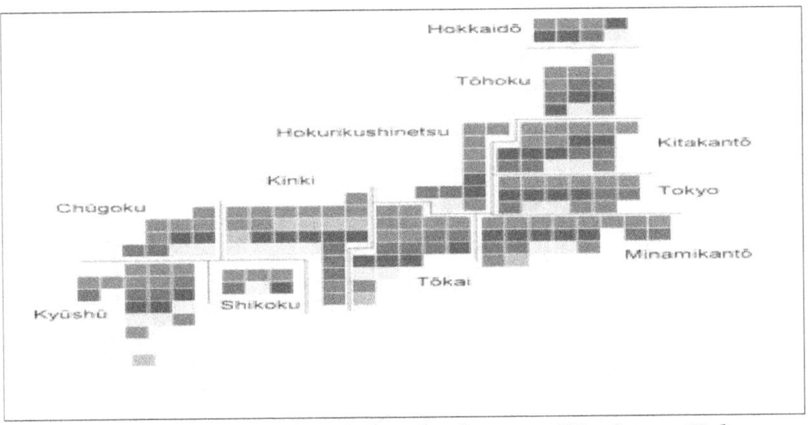

Hokkaido, Tohoku, Hokurikushinetsu, Kitakanto, Tokyo, Minamikanto, Tokai, Kinki, Shikoku, Chugoku ve Kyushu seçim çevrelerinin harita üzerindeki gösterimi.

Japonya'da 1955 yılında yapılan seçimler, sonrasındaki birçok yeniliğin de başlangıcı olmuş. O yıla kadar ülke genelinde birbirleriyle rekabet halindeki üç siyasi partiden Liberal Parti ile Demokratik Parti birleşerek **Liberal Demokrat Parti**'yi oluşturmuş ve bu parti seçim sisteminin de etkisiyle toplamda 4 yıllık bir süre haricinde iktidardaki yerini sürekli muhafaza ederek 62 yıl boyunca Japon siyasetinin tek hakim partisi haline gelmiş.

22 Ekim 2017 günü yapılan genel seçimlerde partilerin aldıkları oylar ve kazandıkları milletvekili sayıları aşağıda gösterildiği gibidir.

Partilerin ülke genelindeki oy dağılımı (11 seçim çevresi)

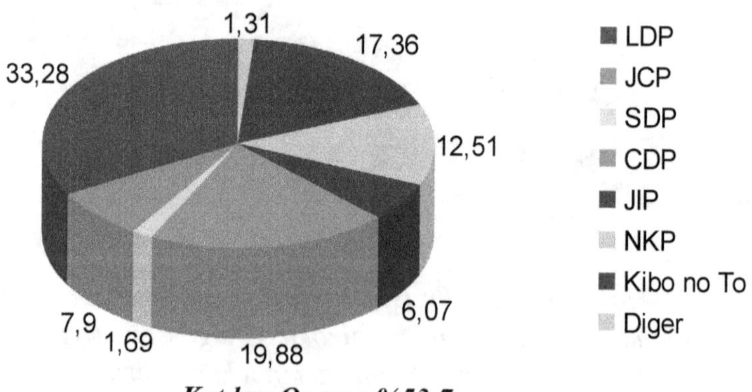

Katılım Oranı : %53,7

Japonya'daki seçimlerde parti listelerinin oylandığı ve partinin oyu olarak kabul edilen sonuçlara göre majör parti LDP bu seçimde geçerli oyların % 33,28´ini alarak birinci parti olmuştur. Öte yandan seçimlere katılım %53,7 gibi oldukça düşük bir oranda kalmış. Bu katılım oranı ABD' deki son başkanlık seçimlerindeki oran kadar (%54,7) kötüdür ve sorgulanmalıdır. Bir ülkede toplumsal aykırılıklar, düzen karşıtlığı-anarşist yönelimler had safhada değilse orada seçim sistemi üzerinde durmak gerekir.

Parti listelerindeki adaylar nispi oranla (d´Hondt kullanılıyor) dağıtıldığında LDP 66 milletvekili seçtirebiliyor.

Peki bu kadar düşük katılımlı bir seçimde 289 "tek adaylı" dar seçim bölgesinde hangi sonuçlar alınmış şimdi ona da bir bakalım.

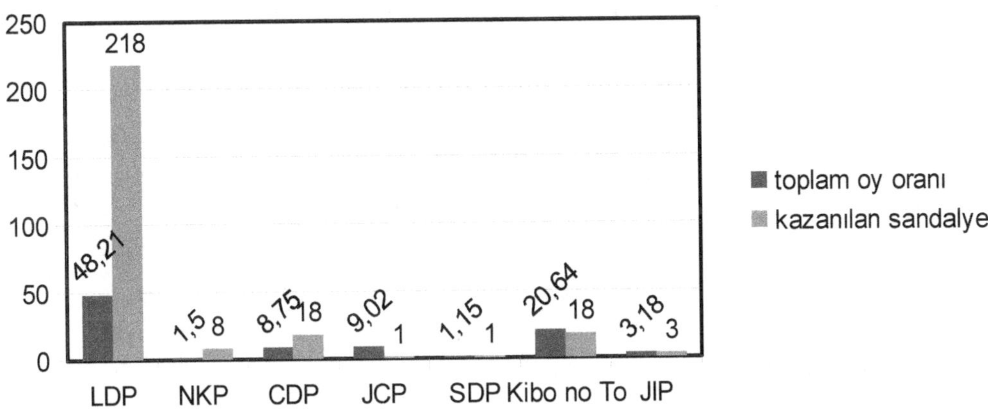

Tek adaylı bölgelerde LDP, toplamdaki %48,21'lik oyuna karşılık 218 bölgeyi kazanarak bir anlamda seçimin sonucunu da belirlemiş oluyor. Genel sonuçlarda, LDP 284 milletvekili ile *Shugiin*'de çoğunluğu elde etmiştir. Oysa partinin adaylar bazındaki oy oranı %48,21; parti oyu olarak gerçek gösterge kabul edilen 11 cevredeki toplam oy oranı ise %33,28 . Ancak bu oy oranlarına rağmen partinin parlamento ağırlığı %61,08 olmuş.

289 çevrede tek adaylı ve çoğunluk usulü ile yapılan seçim, ortaya çıkan çarpıklığın asıl sorunudur ve seçimlere katılımın düşük olmasındaki başlıca etken de büyük bir ihtimalle bu uygulamadır.

Öyle anlaşılıyor ki, hükümet krizinin oluşmaması ve büyük partilerin kendi içerisinde parçalanmaması için seçim sistemi üzerinde radikal değişikliklere gidilmiyor.

Seçimlerin sonrasında ne olmuş bir de ona bakalım.

LDP lideri Shinzo Abe, Shugiin'de tek başına hükümet olabilecek çoğunluğu elde etti; ancak üst meclisi de kontrolü altına alabilmesi için 2/3 çoğunluk gerekiyordu ve bu amaçla NKP ile bir koalisyon yoluna gitti.

Başka ülkelerdeki parlamentocu usullerden ayrıştığı veya bazen benzeştiği başka tarafları da var Japonya'daki alışkanlıkların.

Parlamenter demokrasilerde az görülür bir şekilde Japonya'daki Ulusal Diet (Sangiin ve Shugiin) seçimlerinin ertesinde, başbakanın belirlenmesi için özel bir oturum yapılıyor. Bu oturum Almanya'daki gizli oturuma ya da ABD'deki seçiciler kuruluna benzetilebilir. Ulusal Diet seçimlerinin sonuçlarından kimin başbakan olacağı bellidir aslında ve ciddi sürprizler yaşanmaz; fakat Türkiye'de ve daha başka birçok parlamenter sistemde olduğu gibi bu usul devlet başkanının parti liderlerini sırasıyla görevlendirdiği usulden farklıdır.[2]

2017 Japonya seçimlerini mevcut "paralel oylama" sistemiyle değil de, Tek Bölge Formülasyonu ile değerlendirseydik Shugiin'de nasıl bir kompoziyon karşımıza çıkardı acaba?

Standart oylamadan çok farklı olması sebebiyle, paralel oylama sistemindeki sonuçlar formülümüze uyarlanırken dağıtım işleminin de iki aşamalı olarak yapılması gerekir. Sonuçta 289 dar bölge için seçmen beğendiği adaya doğrudan oy vererek onu meclisine göndermek istemiştir ve bu eğilim göz ardı edilemez. Ancak LDP'nin toplam %48,21'lik dar bölge oylarıyla 218 sandalyeyi almış olması aslında partinin birçok yerde yarıdan az oyla kazandığını gösterir. 289'luk dağılımda 22 bağımsız adayın kazan-

---

2) Türkiye'deki parlamenter sistem en geç Kasım 2019'daki seçimlerle birlikte resmen sona erecektir.

dığı, kalan 267'nin partili olduğu bilindiğine göre partilere verilen oyların bu sayıya bölünmesiyle önce Θ'yi buluruz; ardından da partilerin 289 dar bölgedeki toplam oylarını tek tek Θ'ya oranlayarak birinci aşamayı tamamlarız.

$$\Theta_1 = 192.701 \qquad (\text{289 dar bölge için})$$

LDP = 139	SDP= 3
NKP = 5	Kibo no To = 60
CDP = 25	JIP= 3
JCP = 26	Bağımsız = 22

Toplam = 289

İkinci aşamada ise 11 seçim çevresindeki parti listelerine verilen oylar, yani ikinci oylar değerlendirilir. 176 milletvekili toplam 55.757.552 parti oyu ile belirlenmiş. O halde bir (Θ) da bu dağılım için oluşturulacaktır.

$$\Theta_2 = 316.804 \qquad (\text{176 partili vekil için})$$

LDP = 59	SDP= 3
NKP = 22	Kibo no To = 37
CDP = 35	JIP= 6
JCP = 14	

Toplam = 176

Her iki hesaplamadaki sonuçları bir araya getiriyoruz ve böylece Tek Bölge Formülasyonu altındaki genel sonuçlar ortaya çıkıyor.

	Milletvekili Sayısı	Parlamento Ağırlığı
LDP	198	%42,6
NKP	27	%5,8
CDP	60	%12,9
JCP	40	%8,6
SDP	6	%1,2
Kibo no To	97	%20,8
JIP	15	%3,2
Bağımsızlar	22	%4,7

*Tek Bölge Formülasyonuna göre 2017 seçimleri sonrası
Japonya'daki parlamento dağılımı*

Görüldüğü gibi LDP'nin Shugiin'deki ağırlığı %61,08 değil, %42,6 olarak gerçekleşiyor ve NKP ile kuracağı koalisyon, azınlık koalisyonu oluyor.

Tabii tüm bunların ötesinde, Japonya'da seçimlerin 1890 yılından bu yana - savaş zamanları da dahil olmak üzere - hiç aksatılmadan yapılmış olduğunu belirtmeliyiz. Ve bugün her ne kadar idealin çok dışında bir seçim sistemine sahip olsa da ülke, istikrarlı hükümetlerin kurulduğu iyi sayılabilecek parlamenter demokrasiler arasında yer alır.

PARLAMENTARİZMDE ÇEŞİTLİLİKLER SUNAN HOLLANDA

Anayasal monarşi ile idare edilen Kıta Avrupası ülkelerinden Hollanda, parlamenter demokrasilerin başlıca komplikasyonlarından birisi olarak görülen yasama ve yürütmenin iç içe geçmesine (fusion of powers) farklı bir çözüm getirmiştir.

Hollanda anayasasına göre kabine üyeleri görevlerine başlamadan önce parlamento üyeliklerinden istifa ediyorlar ve bu yolla yürütme erkinin yasama erkinden tamamen ayrılması sağlanıyor. Seçim sisteminin ve buna bağlı olarak oluşan siyasi partiler sisteminin etkisiyle neredeyse yüz yılı aşkın bir süredir koalisyonlar tarafından yönetilen Hollanda'da milletvekili seçimleri için tek seçim çevresi üzerinde parti listeli nispi temsil usulü benimsenmiştir.

Ülkenin tamamını tek bölge kabul eden sistemde ulusal baraj yaklaşık olarak binde yedi. Yüzde birin bile altında kabul edilen bu barajın mantığı basittir. Sonuçta, Parlamentonun 150 kişiden oluşan alt kanadı İkinci Kamara' ya

(***Tweede Kamer Der Staten***) girebilmek için geçerli oyların asgari 1/150'sini almak gerekecektir ve bölme işleminin ondalıklı kısmını yuvarladığımızda bu rasyonel değeri binde 7 olarak ifade edebiliriz. Bir bakıma, Hollanda için seçim barajının olmadığı da söylenebilir çünkü buradaki binde yedi sadece milletvekili seçilebilmek için gereken doğal bir orandan ibarettir.

Tek bölge ve sıfıra yakın ulusal baraj esaslı sistemle temsilde adaletin gözetildiği Hollanda'da 15 Mart 2017 Çarşamba günü ***Tweede Kamer*** için yapılan seçimlerde gelenek yine bozulmadı ve beklenildiği gibi çok parçalı bir kompozisyon ortaya çıktı.

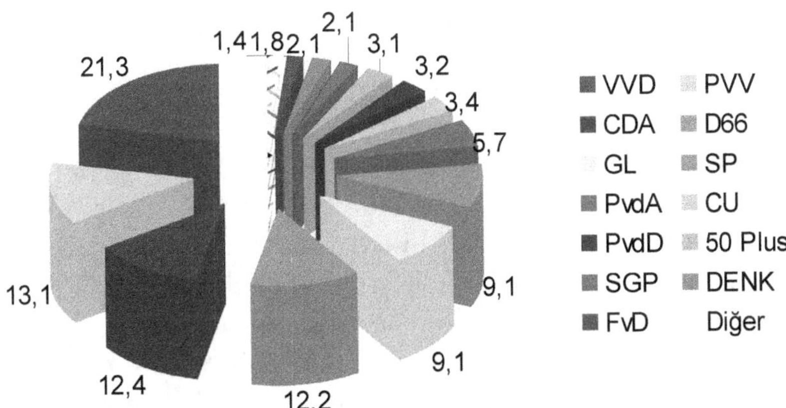

Tweede Kamer'de temsil hakkı elde eden on üç partinin seçimlerde aldıkları oy yüzdeleri

Katılımın yüzde 81,9 olarak gerçekleştiği seçimlerin sonucunda *Tweede Kamer*'deki sandalye dağılımı ise şu şekilde olmuştur.

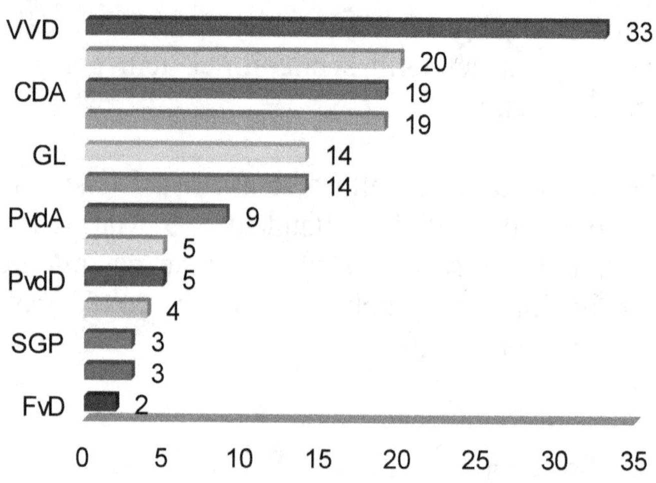

Partilerin Tweede Kamer'deki sandalye sayıları

Partilerin aldıkları oy nispetinde sandalye kazandıkları yukarıdaki grafikten anlaşılabiliyor. Örnek vermek gerekirse; birinci gelen Özgürlük ve Demokrasi İçin Halk Partisi(VVD) geçerli oyların %21,3 'ünü aldığı için meclisteki milletvekili ağırlığı da bu orana yakın olacak şekilde 33 olmuştur. 33 milletvekili demek meclisin %22'si demektir; o halde VVD'nin mevcut seçim sisteminde binde yedilik bir avantaj sağladığı söylenebilir. İki milletvekili ile *Twee-de Kamer*'e sonuncu olarak giren Demokrasi Forumu

(FvD) ise temsiliyetteki %1,3'i ile yaklaşık olarak binde beşlik bir kayba uğramıştır. Seçim sisteminin makul oranlarda da olsa büyük partilerin lehine işlediği ortadadır; ancak yine de bu tablo, bir karşılaştırma yapmak gerektiğinde en hakkaniyetli tablolardan birisi olarak karşımızda durmaktadır.

Milletvekili paylaşımında tek ölçünün basit kota olmaması, ikinci aşamadaki özel bir D'hondt metodu ile sonucun belirlenmesi, Hollanda'daki büyük partilerin *kabul edilebilir* ölçüde avantaj sahibi olmasının ana sebebidir.

En başından itibaren sadece ülke geneli için basit kota uygulanmış olsaydı "Tek Bölge Formülasyonu" na daha uygun paylaşım olacaktı.

Geçerli oylar toplamının 150'ye bölünmesiyle elde edilen "Θ" sabiti bu seçim için yuvarlatılmış haliyle 70.107' dir. Partilerin aldıkları oylar bu sayı ile oranlandığında, birinci gelen partinin milletvekili sayısı 32 oluyor. Formülasyonun vereceği sonuç aşağıdaki gibidir.

	Oy miktarı	/Θ	Ek paylaşım	Vekil Sayısı
VVD =	2.238.351	**31,93**	1	32
PVV =	1.372.941	**19,58**	1	20

	Oy miktarı	/Θ	Ek paylaşım	Vekil Sayısı
CDA =	1.301.796	**18,57**	1	19
D66 =	1.285.819	**18,34**		18
GL =	959.600	**13,69**	1	14
SP =	955.633	**13,63**	1	14
PvdA =	599.699	**8,55**	1	9
CU =	356.271	**5,08**		5
PvdD=	335.214	**4,78**	1	5
50Plus=	327.131	**4,67**	1	5
SGP =	218.950	**3,12**		3
DENK =	216.147	**3,08**		3
FvD =	187.162	**2,67**	1	3

Barajı altında
kalan oyların   161.327   (*yaklaşık %1,5*)
toplamı
+

———————————————————————————————

Geçerli Oylar = 10.516.041 $\sum (/\,\Theta)$ = **141** + 9 = 150

(Θ = 10.516.041 / 150 ≈ 70.107)

Hollanda için gerçekleşen sonuçlarla, Tek Bölge Formülasyonunun vereceği sonuçlar arasında partiler bazında en çok birer vekillik farklar oluşmuştur. Buradaki asıl tartışma konusu hesaplanan "Θ" değeri hakkında olabilir. Bu değerin hesaplanmasında hangi sebeple toplam parti oyları yerine toplam geçerli oylar baz alınmıştır?

İtiraz zaviyesinden yaklaşıldığında baraj altındaki oyların, bir başka deyişle boşa giden oyların direk elenmesinin gerektiği dolayısıyla doğru Θ değerinin aslında yukarıdaki değerin biraz daha altında olduğu öne sürülebilir; ancak sonuçlara bir etki yapmasa da böyle bir yaklaşım kendi başına hatalıdır.

Buradaki hatanın kaynağı, bazı partilerin baraj yüzünden meclis dışında kaldığı sanısıdır. Oysa Hollanda'daki baraj, sadece bir milletvekilliği için gereken minimum oy miktarıdır ve o kadar düşüktür ki, bağımsız olarak seçimlere katılmış bir aday bile en azından son seçimlerde görünmemektedir. Sonuçta baraj altı oyların tamamı parti oylarıdır; ancak bunlar toplamda sadece yüzde 1,5'lik bir paya sahiptir.

Hiç kuşkusuz baraj altındaki parti oyları daha yüksek bir yüzdeye de sahip olabilirdi fakat öyle bir durumda bile hesaplamadaki mantık değişmez. Çünkü, seçim barajı üzerindeki düşünceler ya da ideolojik bakışlar ayrı bir tartışmanın konusudur ve formülasyonun en başında açıklığa kavuşturulması gereken bir detaydır. O halde; ölçü alınacak oylar toplamının hangisi olacağı noktasındaki karmaşanın şu an için ortadan kalktığını varsayabiliriz. İşte bu noktadan sonra "Tek Bölge Formülasyonu"nun temel prensipleri ile çözüme gidilecekse partili vekillerin paylaşımında yine partili oyların (barajı geçmiş olsun olmasın farketmez) ölçü alınması gerekecektir.

Ancak barajın nispeten yüksek olduğu, baraj altı oyların bir partinin oy miktarı kadar olduğu bazı istisnai durumlarla da karşılaşılabilir. Böyle durumlarda istatistiki analiz, baraj altı oyların hesaplama dışında bırakılmasının daha sağlıklı sonuçlar doğurduğunu göstermektedir. En tipik örnek olarak İsrail 2015 seçimleri analiz edildiğinde, bilhassa standart sapma sonuçları karşılaştırıldığında "Tek Bölge Formülasyonu" nun bu şekilde uygulanmasının daha çarpık bir tabloya neden olduğu anlaşılmaktadır.

Bütün bu tartışmalardan sonra *Tweede Kamer*'deki kompozisyonun olağana en yakın derecede ulusal iradeyi yansıttığını söylemeliyiz. Hatta yüzde 81,9 'lik katılım oranı dikkate alındığında buradaki ulusal iradenin, özünde kendisi her ne kadar temsili demokrasiye mesafeli de olsa, J.J. Rousseau'nun *genel irade* kavramına yakınsadığı görülür.

Temsilde adalet hassasiyetinin bu derece yüksek olması ve bununla birlikte parlamentocu geleneğe her şartta sadık kalınmış olması Hollanda'nın 1897'den günümüze kadar sürekli koalisyonlarla yönetilmesinin de başlıca nedenidir. İngiltere'yi ve Fransa'yı hariç tutarsak söz konusu bu "yoruculuk" Avrupa için çok da alışılmışın dışında sayılmaz. Seçimlerden aylar sonra hükümetin kurulabiliyor olması böyle bir seçim sistemiyle gayet olağan bir durum. Seçimlere müteakip olası hükümet senaryoları/kombinleri üzerinde zemin yoklamak için atanan *informateur* ve onun tavsiyesiyle atanarak kabineye son şeklini veren müstakbel başbakan (*formateur*) adaylarının süreçte anahtar konumda olduğu Hollanda'da son dönemde bu periyot 225 günde tamamlanabilmiştir.

BELİRSİZLİK PSİKOLOJİSİ REJİMLERİ YORAR

Hollanda örneğinde de olduğu gibi uzun süreli hükümetsizlik dönemleri veya yine bununla aynı kategoride sayılan geçici hükümet/ara hükümet dönemleri bilhassa günümüz Avrupası'nda çok sık yaşanmaktadır. Ancak, modern anlamdaki bürokratik teamüllerin işleyebildiği rejimlerde bu türden hükümet boşluklarının ciddi derecede krizlere yol açmadığı görülmektedir. Rejimin bir cumhuriyet ya da anayasal monarşi olmasından bağımsız olarak bu böyledir; yakın geçmişten iki örnek verilebilir.

İtalya, bir cumhuriyettir ve 2011 yılında başlayan geçici hükümet (hükümetsizlik) dönemi 529 gün sürmüştür.

Belçika, bir anayasal monarşidir ve 2010-2011 yıllarını içine alan hükümetsizlik dönemi 540 gün sürmüştür.

Avrupa ülkelerinde net gözlemlenebilen bu bağışıklık sisteminin, kıta dışına çıkıldığında çok da iyi işlediği söylenemez. Uzun süreli hükümet krizlerinin, sistemsel krizlere; çözüm niyetiyle tekrar edilen seçimlerin ise yeni sıkıntılara yol açtığı ülkelerde tıkanıklığı giderecek başkaca bir mekanizma da bulunmadığı için mevcut sosyo-iktisadi bunalımlar kronik hale gelmektedir.

Krizi yönetemeyen ülkelerde bunalımlı süreç iki farklı yoldan devam edebilir. Birincisi, rejimi yaralama pahasına da olsa hükümet sistemini değiştirmek suretiyle krizi sönümlendirmek ve tekrarının önüne geçmek. Ancak bunu yapabilmek için belli esaslar üzerinde bir konsensusun sağlanması gerekir ki, mevcut ortam zaten buna elverişli olmadığından uygulanabilirliği oldukça güçtür.

İkinci yol ise kriz dönemlerinde toplumun ihtiyaç hissettiği partiler üstü kişi veya kişilerin arabulucu olması, mümkün olabiliyorsa geçiş hükümetinin kurularak normalleşmenin sağlanmasıdır. Devlet Başkanının (cumhurbaşkanı ya da monark) buradaki rolü oldukça hayatidir. Krizin başarıyla atlatılamaması halinde sistem krizinin daha kaotik bir sürece ve sonunda bir rejim krizine evrilme riski de ihtimaller arasındadır.

İSRAİL'DEN FARKLI DENEYİMLER

Ülke genelini tek seçim çevresi olarak kabul ederek düşük baraj ve nispi temsili usülü uygulayan İsrail'deki seçim sistemi, Hollanda ile bazı benzerlikler taşımaktadır. Ancak, seçim sonrası performans kıyaslaması yapıldığında Hollanda'nın bir hayli gerisinde olduğunu da belirtmek gerekir.

İsrail, parlamenter demokrasi ile idare edilen bir cumhuriyettir. Daha önceleri %2 olarak kabul edilen ulusal baraj 2014 yılındaki düzenlemeyle %3,25'e yükseltilmiştir. Tek kamaralı İsrail parlamentosu *(Knesset)* 120 üyeden oluşmakta ve yeni seçim barajıyla birlikte parlamentoya girebilen bir parti en az dört milletvekili kazanmış oluyor.

İsrail'de kurgulanan sistemi benzerlerinden ayıran başka özellikleri daha var. Milletvekili paylaşımının daha adaletli olması amacıyla artık oyların değerlendirilmesi sırasında *Bader-Ofer* denilen bir yöntem kullanılmaktadır. Eski parlamenterlerden Yohanan Bader ve Avraham Ofer'in adıyla anılan bu sistem aslında spesifik olarak Hagenbach-Bischoff sistemidir.

Bader-Ofer yönteminde iki parti seçimlerden önce bir protokol imzalıyorlar ve oyların tasnif sırası artık oyların değerlendirilmesine geldiğinde iki partinin listesi birleştiriliyor. Partiler işte bu yöntemin sunduğu ek avantajla kalan sandalyeleri kazanabilmek için kendilerine yakın diğer partilerle liste anlaşması yapabiliyorlar. Söz konusu liste anlaşması, partilerin yaptıkları seçim ittifaklarından farklı bir anlaşma ayrıca herhangi bir zorunluluk da yok. Nitekim son seçimlerden önce dörtlü ittifaktan oluşan *Birleşik Liste* partisi ve *Yesh Atid* partisi herhangi bir anlaşma yapmamışlardır. Daha doğrusu sol blokta yer alan partilerin bu çabası *Birleşik Liste*'nin sol-siyonist eğilimli *Zionist Birlik*'i reddetmesi sonucunda başarısızlıkla sonuçlanmıştır.

Bader – Ofer protokolü aslında bir bakıma partilerin seçim sonrasındaki ortaklıkları hakkında da fikir verebilir ve bu yönüyle de özeldir. 2015 seçimlerinden önce sekiz parti kendi aralarında *Bader – Ofer protokolü* yapmıştır. Parti eşleşmeleri ve ideolojik pozisyonları aşağıdaki gibidir.

Likud Partisi – Yahudi Evi	Sağ – muhafazakar sağ
Yisrael Beiteinu – Kulanu	Sağ - sağ
Zionist Birlik – Meretz	Sol - sol
Shas Partisi–Birleşik Tevrat Yahudiliği	Sağ - sağ

17 Mart 2015 Salı günü yapılan genel seçimlerde on parti barajı aşarak *Knesset'e* girmeye hak kazanmıştır. Partilerin aldıkları oylar miktarları ve yüzdelik oranlar şu şekildedir.

Partiler	Oy miktarı	yüzdesi
Likud	985.408	23.40
Zionist Birlik	786.313	18.67
Birleşik Liste	446.583	10.61
Yesh Atid	371.602	8.82
Kulanu	315.360	7.49
Yahudi Evi	283.910	6.74
Shas	241.613	5.74
Yisrael Beiteinu	214.906	5.10
Birleşik Tevrat Yahudiliği	210.143	4.99
Meretz	165.529	3.93

Baraj altında kalan partiler	189.517	4.51

Geçerli oylar toplamı	4.210.884
Katılım yüzdesi	72.34

Seçimlerden sonra Knesset'teki kompozisyon ise şu şekilde oluşmuştur.

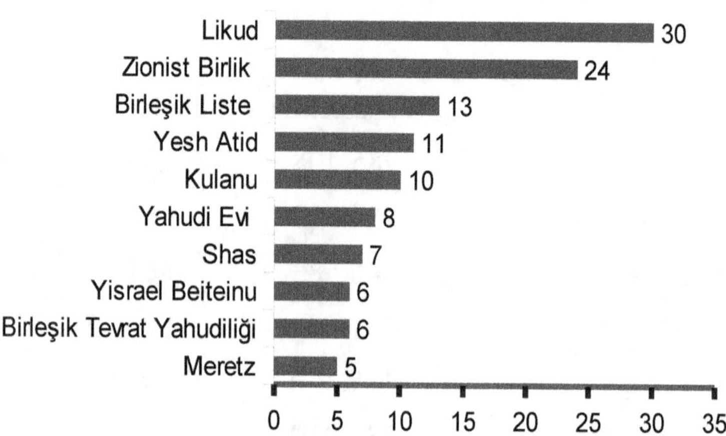

Seçim sistemindeki Bader-Ofer metodunun da etkisiyle iki büyük parti (Likud ve Zionist Birlik) aldıkları oy yüzdesine göre daha fazla sandalye kazanmışlardır. Bu iki partinin aldıkları oyların oransal toplamı yüzde 42,07 olmasına karşın *Knesset*'teki toplam ağırlıkları yüzde 45.

Barajı aşamayan partilerin oyları sandalye dağılımında hesaba dahil edilmiyor. O nedenle sandalye paylaşımı için dikkate alınan değer 4.021.367 oluyor ve hesaplamalar da bunun üzerinden yapılıyor. Paylaşım bittikten sonra ilan edilen sonuçlara göre her bir sandalyenin 32.822 oyluk temsil gücünde olduğu görülüyor fakat bu da ortalama bir değer çünkü partilerin oyları kazanmış oldukları milletvekili sayısına tek tek bölündüğünde her parti için farklı sayılar ortaya çıkmaktadır.

Twentieth Knesset

Elections to the Knesset (17 March, 2015)

Number of Eligible Voters 5,881,696

Valid votes 4,210,884

Qualifying threshold (3.25%) 136,854

Votes per seat 32,822

Name of list	Number of valid votes	% of total votes	Number of seats
Likud Chaired by Benjamin Netanyahu for Prime Minister	985,408	23.40	30
Zionist Camp Chaired by Isaac Herzog and Tzipi Livni	786,313	18.67	24
Joint List (Hadash, National Democratic Assembly, Arab Movement for Renewal, United Arab List)	446,583	10.61	13
Yesh Atid Chaired by Yair Lapid	371,602	8.82	11
Kulanu Chaired by Moshe Kahlon	315,360	7.49	10
Habayit Hayehudi Chaired by Naftali Bennett	283,910	6.74	8
Shas	241,613	5.74	7
Yisrael Beitenu Chaired by Avigdor Liberman	214,906	5.10	6
United Torah Judaism	210,143	4.99	6
Israel's Left	165,529	3.93	5

Knesset'in resmi sitesi yirminci dönem seçimlerde sandalye başına düşen oyu 32.822 olarak ilan etmiştir.

Esasen, buradaki 32.822 oy, Bader-Ofer işlemlerinin neticesinde Knesset'e girmeye hak kazanan sonuncu milletvekilinin oyu olarak düşünülmelidir.

Peki milletvekili dağılımı neden böyle oldu?

İsrail'deki seçim kanunu çerçevesinde dağılımın mantığını anlamaya çalışalım.

İsrail'deki kurala göre barajı geçen partili oy miktarı esastır ve bu oy miktarı (4.021.367 oy) 120'ye oranlanarak öncelikle basit seçim kotası ya da İsrail'deki tanımlamayla "Genel indikatör" bulunur.

Bu indikatör son seçimde 33.511 olmuştu. Daha sonra her partinin aldığı oy, bu sayıya bölündüğünde elde edilen tamsayı değerleri partilerin ilk aşamada kesin olarak kazandıkları sandalye sayılarını verir. Ancak, bu sayılar toplandığında sonuç 116'dır; özetle paylaşılması gereken 4 sandalye daha kalmıştır. Buradaki son dört sandalyenin paylaşımı Bader-Ofer metodu olarak bilinen Hagenbach-Bischoff sistemine göre yapılmaktadır.

Bu sistemin Python programlama dilinde Knesset seçimleri için uyarlanmış bir algoritması da bulunmaktadır. Oradaki algoritmaya yakın ama daha sade bir anlatımla sistemin işleyişi şu şekildedir.

Seçim öncesi protokol yapmış olan partilerin listeleri birleştirilir ve beynelmilel manada *Hagenbach-Bischoff* olarak bilinen formülün yardımıyla her bir liste çifti için "Liste indikatörü" belirlenir.

Liste adı	*Liste oyu*	*Liste indikatörü*
Likud Partisi + Yahudi Evi =	1.269.318	33.403
Yisrael Beiteinu + Kulanu =	530.266	33.141
Zionist Birlik + Meretz =	951.842	33.994
Shas Partisi + BTY =	451.756	32.268

Liste indikatörü en yüksek olan Zionist Birlik + Meretz ilk sandalyeyi kazanır. Ortaya çıkan yeni sandalye dağılımına göre hesaplanan liste indikatörleri arasında yine aynı şekilde en yüksek olan parti çifti ek sandalyeyi kazanır ve bu süreç tüm sandalyeler paylaşılıncaya kadar devam eder. Kazanılmış olan sandalyenin hangi partiye gideceği ise yine iki partinin kendi aralarındaki bir karşılaştırma ile belirleniyor.

Yukarıdaki sonuçlara göre kalan dört sandalyenin ikisini Zionist-Meretz çifti kazanırken, Likud-Yahudi Evi ve Yisrael Beiteinu-Kulanu çiftleri birer sandalye kazanmışlardır.

Bu işlemlerin sonucunda en karlı çıkan partinin Kulanu Partisi, en zararlı çıkan partinin ise Yisrael Beiteinu olduğu görülebilir. Kulanu, aldığı her 31.536 oya karşılık bir vekil çıkartabilmişken, protokol ortağı Yisrael Beiteinu bir vekilini ancak 35.818 oy ile seçtirebilmiştir.

Şimdi yüzde 3,25'lik ulusal barajı kabul ederek Tek Bölge Formülasyonu işlemlerini yeniden başlatıyoruz; ancak bu sefer Bader-Ofer faktörünü devre dışı bırakıyoruz. Baraj altında kalan oylar da sandalye hesabında dikkate alınıyor ve 4.210.884 geçerli oy üzerinden basit kotayı buluyoruz.

$$\Theta = 4.210.884 / 120 \approx 35.091$$

Barajı geçen tüm partileri "Θ" ya oranladığımızda ilk çıktıları elde ederiz.

	Kesinleşen	ondalık kısım	Ek sandalye
Likud	28,	08	*
Zionist Birlik	22,	41	*
Birleşik Liste	12,	73	*
Yesh Atid	10,	59	*
Kulanu	8,	99	*
Yahudi Evi	8,	09	*
Shas	6,	89	*
Yisrael Beiteinu	6,	12	*
BTY	5,	99	* *
Meretz	4,	72	*
	+		+
	109		**11**

İlk yerleşmede 109 sandalye yerini bulmuştur ve geriye kalan 11 sandalyenin on partiye dağılması, her partiye birer tane olacak şekildedir. Son sandalyeyi ise az farkla ***Birleşik Tevrat Yahudiliği(BTY)*** Partisi alır.

O halde genel sandalye dağılımı şu şekilde olacaktır:

Likud 29	Zionist Birlik 23	Birleşik Liste 13	Yesh Atid 11	Kulanu 9
Yahudi Evi 9	Shas 7	Yisrael Beitenu 7	BTY 7	Meretz 5

İsrail'deki seçim sisteminin ortaya çıkardığı tablo ile Tek Bölge Formülasyonu'nun bir karşılaştırması yapıldığında baraj altı oyların bir başka deyişle ziyan edilen oyların hesaplama dışında bırakılmasının %3,25 ulusal barajlı bir ülkede daha iyi sonuçlar verdiği söylenebilir. Bu hassas ölçümü yapabilmenin en iyi yolu standart sapma ve "açıklık" değerlerinin kullanılmasıdır.

Seçim Sistemi	Standart(σ) Sapma	Açıklık (max-min)
İsrail Sistemi(Bader-Ofer)	1156,56	4281
Tek Bölge Formülasyonu	1388,07	5020

Standart Sapma ve veri açıklık değerlerinin düşük olduğu durumlar her zaman en ideal durumlardır. Baraj altı oyların %4,5 olması (Bu oran Meretz 'in oranının üzerinde) buradaki başlıca etkendir. **Bader-Ofer** protokolü yoluyla bazı partilerin ek avantaj elde ettikleri de gözlerden kaçmamalıdır. İstatistik ölçüm ya da bazen sadece grafik okuma yoluyla ayırt edilebilen böyle hallerde en çok 1 milletvekillik farklar oluşmaktadır. Fakat, oldukça düşük ve kabul edilebilir ölçülerde de olsa, bu farklar 120'lik Knesset gibi kalabalık olmayan parlamentolar için kritik öneme sahiptir.

Tek Bölge formülasyonu standart haliyle 2015 Knesset seçimlerine tatbik edildiğinde iki parlamenter arasındaki azami fark 5020 oy olmaktadır. Bader-Ofer metodlu İsrail seçim sisteminde ise bu fark 4281 olarak gerçekleşmiş.

Bunun anlamı şudur:

Kulanu Parti'li her bir parlamenter, Yisrael Beiteinu partisinden seçilmiş parlamenterlere göre 4281 daha az oyla Knesset'e girmeye hak kazanmıştır.

Standart sapma ise partilere göre sandalye dağılımının ortalamaya ne kadar yakın oldukları hakkında fikir veriyor. Buradaki ortalama yani basit kota, oyların 120'ye bölünmesiyle elde edilen değerdir.

EN DEMOKRATİK ARİTMETİK

İstastiksel veriler grafiğe yansıtıldığında yapılan bu ana-
lizler daha derli toplu bir görünüm kazanır ve anlamaya
yardımcı olur.

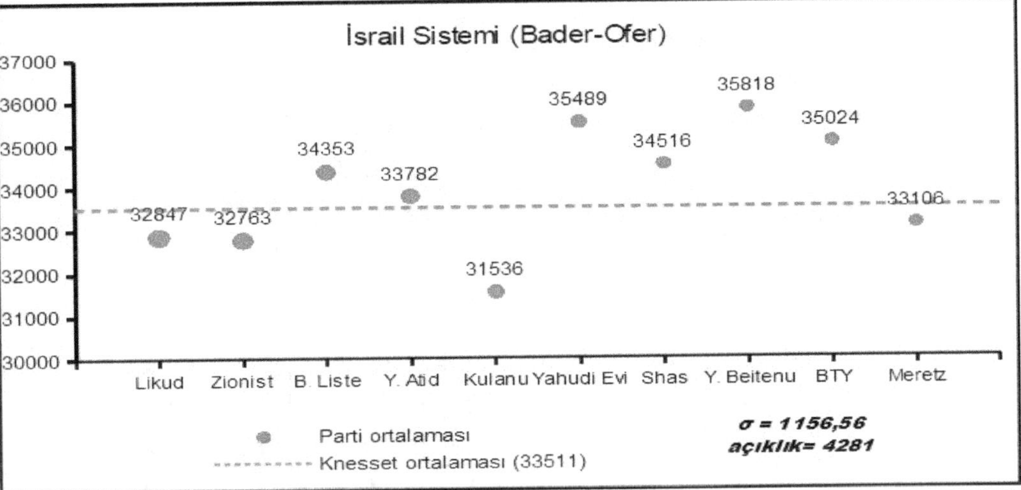

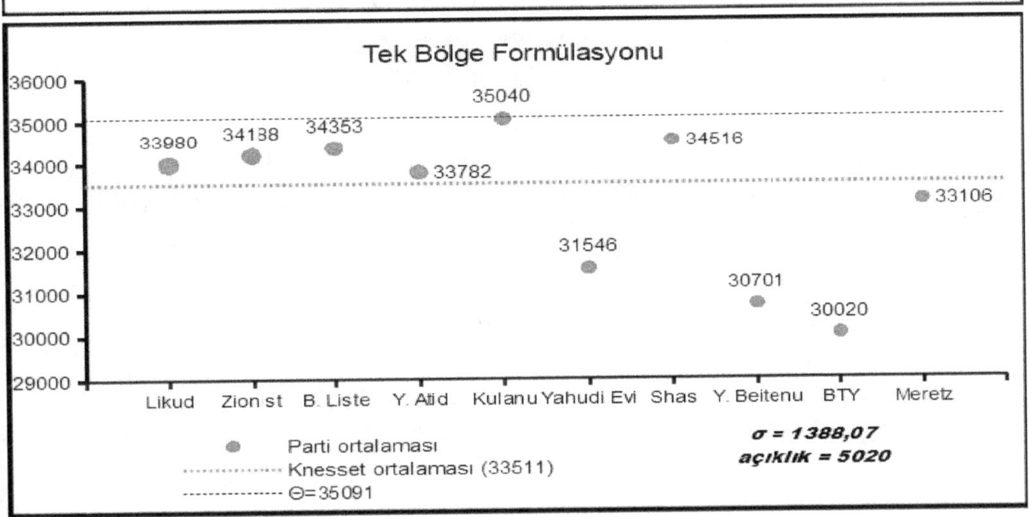

Standart sapmalar ve açıklıklar göz önüne alındığında İsrail'deki seçim sisteminde verilerin (parti ortalamaları) ortalamaya daha yakın bir yayılım gösterdiği ortadadır, dolayısıyla mevcut sistem daha kabul edilebilir bir dağılıma işaret eder. Ve yine buradan anlaşılıyor ki, Tek Bölge formülasyonunu kullanarak iyi sonuç alabilmek için barajı belirli bir seviyeye ayarlamak ve bununla birlikte oy ziyanının önüne geçmek gerekiyor. <u>Ulusal barajı azami %2 olarak tutmak tüm durumlar ve tüm ülkeler için en iyi öneridir.</u> Öneriye göre, bu oranda oy alan bir parti Knesset'te en az iki sandalye kazanacaktır.

İsrail'deki seçimlere dönecek olursak... Seçim sonuçları doğal olarak bir koalisyonu gerektiriyordu ve iki ay sonra altı partili koalisyon hükümeti kuruldu. Avrupa'daki benzerleriyle karşılaştırıldığında bu süre uzun sayılmaz. Son yıllarda Belçika, Hollanda, İtalya ve hatta Almanya'daki sürelerle kıyaslandığında İsrail'deki işleyişin daha hızlı olduğu da ortada. Ancak, bu ülkedeki koalisyonların ortalama ömrü sadece iki yıl, yani çoğu zaman bir yasama dönemini bile tamamlayamayacak kadar kısadır. Son dönemlerde genellikle erken seçimler karşımıza çıkmakta. Özetle, İsrail'deki partiler, koalisyon kurmadaki başarılarını koalisyonu devam ettirebilme noktasında gösterememişlerdir.

Likud Partisi önderliğinde kurulan altılı koalisyonda

Ziyonist Birlik- Meretz çifti hariç Bader-Ofer protokolü yapan partliler yer alıyor. Hükümet tamamen muhafazakar sağ tandanslı bir hükümet. 22 bakanlı kabine, görevine başladıktan bir süre sonra İsrail'de ***Norveç Kuralı*** olarak bilinen ve parti başına en çok bir bakanın (ya da bakan yardımcısının) milletvekilliğinin askıya alınmasına olanak sağlayan yasa, Knesset'te kabul ediliyor. Bu kural, Hollanda'daki ayırma metodunun (yasama ve yürütmenin ayrılması) minik bir versiyonu gibidir. Knesset üyeliğini bırakarak kabineye geçen vekilin yerine parti listesinden başka bir vekil geçiyor.

Kendine özgü seçim formülasyonuyla adaletli temsili önceleyen İsrail'de sürekli koalisyon hükümetlerinin görülmesi gayet olağan bir durumdur. Bu durum Avrupa ülkelerinden farklı olarak İsrail için bir risk faktörüdür denilebilir. Knesset seçimleri için ulusal barajın önce %2'ye ve son olarak %3,25'ye yükseltilmiş olması bu riski azaltmaya yönelik önlemler kapsamındadır. Seçim barajı yakın gelecekte biraz daha yüksek bir seviyeye çıkarılabilir; en azından gidiş o yöndedir... Ancak, İsrail'de 1996-2001 yılları arasında, parlamentarist gelenekte aslında pek de rastlanmayan, apayrı bir yolun daha denendiği dikkatleri çekmektedir:

BAŞBAKANLIK SEÇİMLERİ

1996, 1999 ve 2001 yıllarında halk başbakanı doğrudan

oyla seçmiştir. İlk ikisinde Knesset seçimleriyle aynı günde farklı sandıklarda yapılmış hatta 1996'da Likud ikinci parti olmasına rağmen adayı sürpriz bir şekilde halk tarafından "başbakan" seçilmişti.

Başkan seçer gibi başbakan seçmek parlamento esaslı rejimlerde olağan bir yöntem değildir. Ülke genelini tek bölge olarak ele alan, dolayısıyla partilerin tek liste ile seçime girmesini sağlayan bir sistemde, bir partinin başbakan adayı zaten o partinin liste başıdır. Buna rağmen "başbakanlık seçimi" yapmak, daha açık ortaya koymak gerekirse başbakanı parlamentodan ayrı olarak doğrudan halkın oylarıyla seçtirmek bazı senaryolarda daha büyük sorunlara da yol açabilir. Başbakanın partisinin birinci parti olmadığı senaryolar bunun en tipik örneklerindendir. Yürütmenin ve yasamanın net biçimde ayrılmadığı, parti sistemi Kıta Avrupası ülkerindeki gibi olan bir yerde harici halkoylamasıyla başbakan ya da başkan seçilmesi, bir müddet sonra sistemi yeniden bir parlamenter demokrasiye zorlayabileceği gibi başkanlık sistemine de itebilir.

En nihayetinde İsrail, parlamentarist ilkelerle pek de uyuşmayan bu uygulamasına 2001 yılındaki başbakanlık seçimleriyle bir son vererek 2003'deki genel seçimlerle birlikte esaslı parlamenter demokrasiye geri dönmüş oldu.

PARLAMENTER DEMOKRASİNİN BEŞİĞİ: BİRLEŞİK KRALLIK

Britanyalılar seçim sistemi olarak dar bölgeli çoğunluk usulünü benimsemiştir. Köklü parlamenter geleneğe sahip Birleşik Krallık, gerek tarihsel gelişimi gerekse sistemin işleyişi bakımından ayrı bir yere sahiptir.

XVIII.yüzyılın başında İskoçya'nın, XIX.yüzyılın başında ise İrlanda'nın dahil olmasıyla birlikte günümüzde iki meclisten oluşan Birleşik Krallık Parlamentosu ortaya çıkmıştır. Alt meclis olarak Avam Kamarası (House Of Commons), hükümetin kendisine karşı sorumlu olduğu ve milletvekillerinin basit çoğunlukla dar bölgelerden seçildiği etkin meclistir.[3]

Siyasi literatürde *Westminster modeli* olarak ele alınan parlamentarist rejimde yasama organı 1911 yılına kadar aşama aşama güçlenerek gelmiştir. Parlamentonun bu ülkedeki tarihini 1215'deki Magna Carta fermanı ile başlatmak gerekir. Kralı, yetkilerini kısıtlamak ve baronlarla uzlaşmak zorunda bırakan Magna Carta ile elbette bugünkü anlamda bir parlamento kültürünün başladığı söylenemez, neticede henüz sosyal tabakanın alt zümreleri adına bir ilerleme sağlanamamıştır; ancak bu tarihten sonra egemenliğin niteliğinde değişim başlamıştır.

---

3) İrlanda, 1922'de Birleşik Krallık'tan ayrıldı.

Değişimin yönü mutlak monarşiden meşruti monarşiye doğrudur.

Britanya için asıl kırılma noktası 1689'daki "Haklar Yasası" olmuştur. İç savaşların ve devrimlerin yaşandığı 1640 - 1688 arası dönemde İngiliz Parlamentosu, krizi yönetebilen bir parlamento olduğunu gösterdi. Parlamentonun devrimci olmadığı açıktır; zira Cromwell'in cumhuriyetini devam ettirememiştir fakat fırsatı değerlendirerek meşrutiyeti ilan etmesini bilmiştir... Söz konusu dönem, "Otuz Yıl Savaşları"nı ve "Vestfalya Barışı"nı içine aldığından, Kıta Avrupası için de önemli bir dönemeçtir. Daha sonraları aydınlanmanın da etkisiyle hızlı değişimler yaşayacak olan başta Fransa olmak üzere Avrupa ülkeleriyle kıyaslandığında, Büyük Britanya'daki demokratik ilerlemenin XVIII.yüzyıl itibariyle daha tedrici bir ilerleme olduğu gözlenecektir.

Kral ve Kraliçe'yi bir kez daha ve bu sefer geriye dönülemez biçimde yetkilerinden taviz vermeye zorlayan 1689 tarihli Haklar Yasası'nın ilan edilmesinde bugünün söz sahibi siyasi partilerinin, daha doğrusu onların öncüllerinin rollerini görebiliriz. XVII.yüzyılın partileri Whigs ve Tory'nin pragmatik birliktelikleri sayesinde monarşinin etkisi tamamen azaltılmış ve meşruti bir rejime geçilmiştir. Tory, Muhafazakar Parti'nin öncülüdür ve bu nedenle günümüzde dahi birçok yerde parti üyeleri "Tories" olarak adlandırılırlar. Daha reformist ve değişimdeki asıl payın sahibi Whigs ise Liberal Parti'nin öncüsüdür.

Büyük Britanya'da 1920'lere kadar işte bu iki büyük partinin siyasi arenadaki hakimiyeti söz konusuydu. Ne var ki, Liberal Parti bu dönemin sonlarında iyice eriyerek yerini İşçi Partisi'ne bırakacaktı. İşçi Partisi henüz daha yüzyılın başında, işçi sendikaları ve bir takım sosyalist hareketlerin bir araya gelerek oluşturduğu yeni bir partiydi. İşçi Partisi yakaladığı fırsatları değerlendirerek parti sistemindeki yerini sağlamlaştırmış ve o tarihlerden itibaren Muhafazakar Parti ile birlikte iki majör partiden birisi olarak belli dönemlerde tek başına hükümet olabilmiştir. Bir diğer majör parti olan Muhafazakar Parti ise, tüm dönemlerde pozisyonunu koruyabilmiş ve ülkenin merkez sağ partisi olarak oldukça başarılı bir performans göstermiştir.

Uygulanmakta olan seçim sisteminin beklenen bir yansıması olarak Muhafazakar Parti-İşçi Partisi şeklinde iki partili devam eden düzenin 1974 seçimleriyle birlikte tıkandığı görülmektedir. O yılın Şubat ayında yapılan seçimlerde neredeyse yarım yüzyıldır ortalıkta görülmeyen Liberal Parti aldığı yüzde 19,3'lük oyla hesapları alt üst etmiştir. Seçim sisteminin çarpıklığı neticesinde, Liberal Parti bu yüksek oy oranına rağmen sadece 14 milletvekili kazanmış olsa da, seçim sonuçlarına göre ne Muhafazakar Parti'nin ne de İşçi Partisi'nin parlamentoda salt çoğunluğu elde edebilmesi ve ülkedeki ikili yapının kırılmaya başlaması, 1974 yılını Westminster demokrasisi için önemli bir dönüm noktası haline getirmektedir.

Aynı yılın Ekim ayında yapılan tekrar seçimleri neticesinde İşçi Partisi çok az farkla çoğunluğu kazanmıştır; ancak parti sisteminde görülmeye başlanan bu değişim sinyalleri 2000'li yıllarda artık daha zorlayıcı bir etki yapmaya başlamıştır. 2010 seçimlerinde tıpkı Şubat 1974'te olduğu gibi parçalı bir yapı ortaya çıkmış ve Westminster modelinin öngörmediği biçimde koalisyonlar gündeme gelmiştir. Daha da ilginci, 1974'deki ilk tıkanmadan daha farklı olarak bölgesel partilerin de güçlenmesi nedeniyle iki majör partinin oy yüzdeleri toplamı 65-70 aralığında sıkışmaya başlamıştır.[4]

Koalisyonların olmaması için özellikle tercih edilen "Tek turlu tek isimli" çoğunluk formülünün birçok otoriteye göre iki majör partili bir yapı ortaya çıkaracağı ve iktidar değişiminin bu iki büyük parti arasında olacağı düşünülürken 1974'den itibaren modelin sarsılmaya başlaması siyaset bilimindeki bazı kalıplaşmış ön kabullerin sorgulanmasını da gerektirmektedir. 2010 yılına gelindiğinde mevcut seçim sisteminin, değişmekte olan parti sistemi karşısında dar gelen bir cekete benzetilmesi boşuna

____

4) 2017'deki erken seçimlerde bu toplam yüzde 82 olmuş; ancak buna rağmen seçimin galibi Muhafazakar Parti parlamento çoğunluğunu elde edememiştir.

değildir. Nitekim, 2010 seçimlerinde ikinci olan İşçi Partisi ile üçüncü Liberal Parti arasındaki fark altı puana kadar düşmüştür.

1974'deki istisnai durum göz ardı edildiğinde, seçim sisteminin parti sistemini şekillendirdiği 2010 yılına kadar bir şekilde partilerden birisi çoğunluğu sağlayabiliyordu. Fakat, Liberal Parti'nin yükselişi ikili parti sistemini "iki buçuk parti" sistemine çevirmeye başlamıştır.[5]

Birleşik Krallık'taki bölgesel partilerin güçlenmesi, bu partilerin seçim sisteminden dolayı düşük oy oranlarına rağmen ülkenin üçüncü partisi Liberal Parti'yi sandalye sayısı bakımından geçmeleri ve az farkla çoğunluğu kaçırmış Muhafazakar Parti ile koalisyon ortağı olmaları, ülkedeki parti sisteminin belki tam olarak bir "çok partili" olamadığının ama kesinlikle artık "iki partili" de olamayacağının bir göstergesidir... Bir diğer gösterge ise, Muhafazakar Parti ve İşçi Partisi dışındaki partilerin yüzdesel toplamlarının 1997 sonrasında son seçimler hariç genellikle 30 puan ve üzeri seyretmesidir.[6]

Ülke siyasetine yön veren üç büyük partinin 1859

---

5) Fransız siyaset bilimci Jean Blondel'in tanımına göre iki buçuk parti sistemi, ülkedeki ikili parti sisteminin ortadan kalktığı ancak çoklu parti sisteminin de henüz oluşmadığı sistemdir.
6) Brexit müzakereleri için Muhafazakar Parti'nin isteğiyle gerçekleştirilen 2017 erken seçimleri bir istisna teşkil eder. 2017'de bu oran yüzde 20 civarı.

seçimlerinden başlayarak yıllar içerisindeki gelişimini iki grafikle gösterelim.

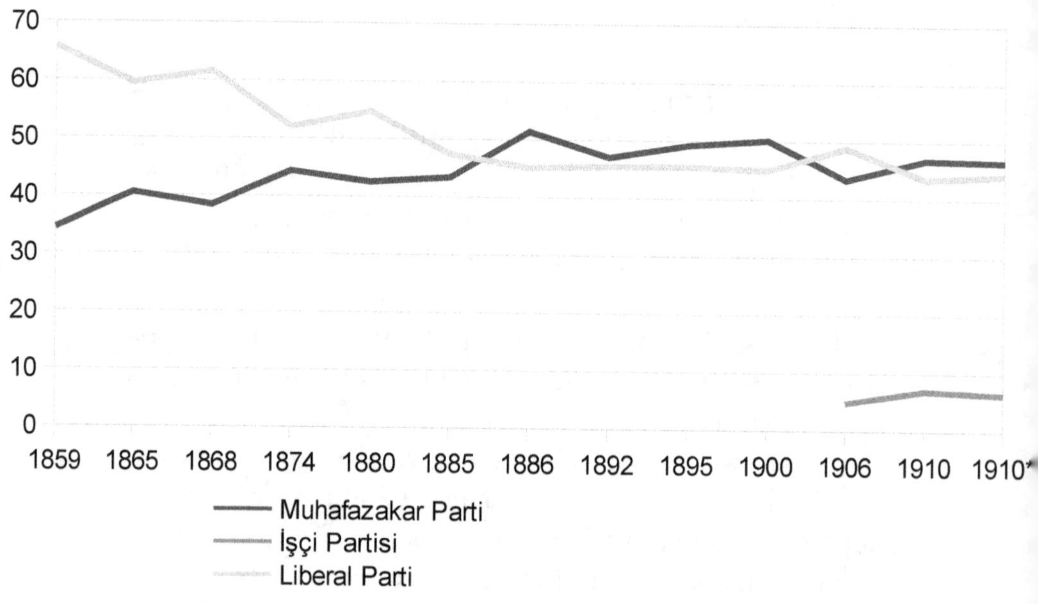

1910 yılındaki tekrar seçimlerden sonra, Birinci Dünya Savaşı sırasında bir dizi hükümetler görülüyor. *David Lloyd George* liderliğinde kurulan ve 1916-1919 yılları arasında "Savaş Kabinesi" 1919-1922 yılları arasında ise "Barış Dönemi Kabinesi" olarak adlandırılan kabinelere üç parti de destek vermiştir. Ulusal koalisyon dönemi olarak nitelenebilecek bu çok özel döneme rastlayan 1918 ve 1922 seçimlerini partiler bazında almak o yüzden yanıltıcı olabilir. Ekim 1922'de bu geniş tabanlı kabineler zincirinin dağılmasından sonraki ilk seçimler olan 1923 seçimleriyle birlikte yeniden bir değerlendirme yapmak daha doğru olacaktır.

1923'ten sonra Liberal Parti'nin çok uzun süreli bir suskunluk evresine girdiğini ve onun yerini İşçi Partisi'nin aldığını görüyoruz. Hiç kuşkusuz savaş dönemi boyunca izlenen politika ve parti içi ayrışmalar, partinin eriyerek sahnedeki yerini daha soldaki bir başka partiye kaptırmasındaki en büyük faktörlerdir.

Ağırlıklı olarak Muhafazakar Parti – İşçi Partisi rekabetinin yaşandığı 1923-2017 arası dönemde partilerin performans grafiği aşağıda gösterildiği gibidir.

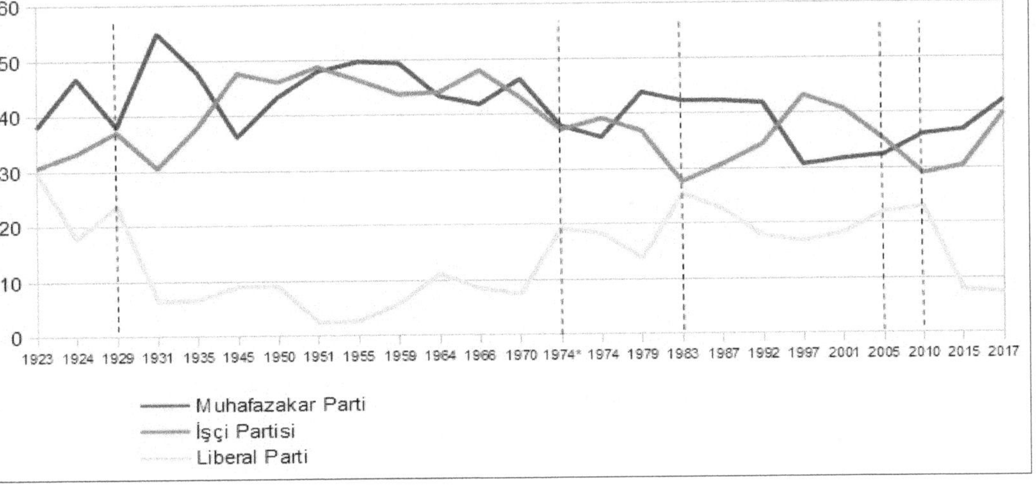

Yukarıdaki grafikte 1929-1974 yılları arasında sistemin iki partili özelliği hususunda bir zaafiyet gözlenmiyor. Ancak kesikli dikey çizgilerden de takip edilebileceği gibi 1974-1983 ve 2005-2010 dönemlerine baktığımızda aralıkların daralmakta olduğu dikkatimizi çekmektedir. Bu gelişim göstermektedir ki, parti sistemi 1929-1974 arasındaki yapıya bir türlü dönememektedir. Esasen, üçüncü büyük parti olan Liberal Parti'nin (birleşme sonrası Liberal Demokratlar denilmekte) varlığından çok bölgesel partilerin seçim sisteminin onlara sunduğu avantajlardan yararlanarak parlamentoya girmeleri parti sisteminin ikili yapıda kalamamasının ve kalamayacağının sebebidir.

2010 yılına kadar tek parti iktidarı dışında (1929 ve 1974 seçimleri hariç) bir sonuç çıkmıyorken 2010 ve 2017 seçimlerinde tek parti iktidarına el vermeyen parçalı kompozisyonların (*hung parliament*) ortaya çıkması, hatta 2015 seçimlerinde Muhafazakar Parti'nin çok az bir farkla çoğunluğu yakalayabilmiş olması, önümüzdeki yıllarda nasıl tablolarla karşılaşacağımızı göstermesi açısından oldukça önemli bir göstergedir.

Aşağıdaki grafikte ise partilerin seçim sonuçlarına göre oluşmuş meclis dağılımı görülmektedir. Üstteki grafik ile beraber okunduğunda daha anlamlı olacaktır. İkinci ve üçüncü parti arasındaki farkın sadece iki puan olduğu 1983 seçimleri ile iki majör parti hariç geri kalan tüm partilerin dip yaptığı 2017 seçimleri, sistemin çarpıklığını görebilmek açısından en güzel örneklerdir.

1983 ve 2017 seçimlerine göre Avam Kamarası'nda nasıl bir kompozisyonun ortaya çıktığına aşağıdaki grafikten baktığımızda, 1983'de Muhafazakar Parti'nin yüzde 42,4'lük oyu ile çok rahat bir çoğunluk sağladığını, buna karşın 2017'de aldığı yüzde 42,3'lük oy ile azınlık hükümeti formülüne mecbur kaldığını görmekteyiz. İşte, bölgesel partilerin git gide güçlenmeye başladığı bu ülkede, seçim sisteminin bir sonucu olarak koalisyon/azınlık hükümeti gibi formüllerle daha sık karşılaşılmaya başlanmıştır.

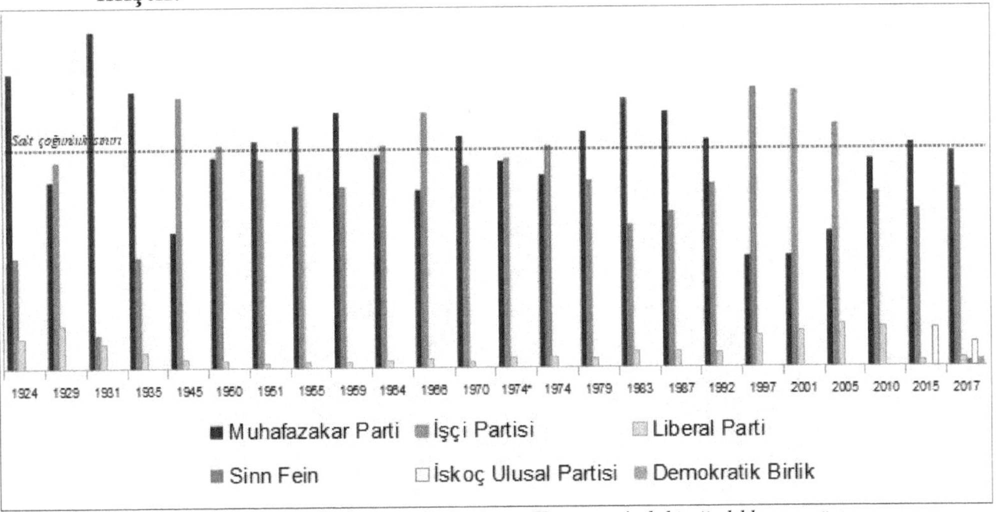

1924'ten günümüze kadar partilerin Avam Kamarası'ndaki ağırlıklarını gösteren grafik. Dört seçim hariç her seferinde tek parti iktidarı olmuş. (Kesikli yatay çizgi salt çoğunluk sınırını gösteriyor)

Toplumun talepleri, küresel ve bölgesel çapta ortaya çıkan bazı yeni durumlar ister istemez siyasal örgütlerin üzerinde de etkili olacaktır ve genellikle de böyle olmuştur. Bazı ülkelerde tepkisel oyların bir partide toplanarak değişimin önünü açtığı da gözlenmektedir. Eğer bu oluşumlar bir trend yakalayabilir ve birkaç seçim bunu koruyabilirse yine aynı şekilde parti sistemini değişmeye zorlayacaktır. Çünkü yeni ortaya çıkan hareket toplumda bir taban bulmuş ve sınıfsal-ideolojik oluşum evresi yani partileşme süreci başarı ile geçilerek hareket sisteme entegre olmuştur. Konjonktürel olmayan bu gelişim, kendi içinde bir dönüşüm ya da sert hizipleşme yaşamadıkça uzun ömürlü olacaktır. O nedenle çeşitli çevrelerce de kabul görmüş şu çıkarımı yapmak yerinde olacaktır:

Bir siyasi parti, toplumdaki genel taleplerin doğrultusunda ve ihtiyaç olduğu bir periyotta kaçınılmaz olarak ortaya çıkar.

Her ne sebeple olursa olsun, parti sistemindeki değişim ülkede uygulanmakta olan seçim sistemini de sorgulatmaya başlayacaktır. Genel oy oranı yüksek olduğu halde temsil ağırlığı bununla orantısız gerçekleşen partiler, mevcut sistemin değişmesini talep edeceklerdir. Bu bağlamda, Liberal Parti haklı olarak sistemin değişmesi yönünde girişimlerde bulunmuş ve bu istek 2011 yılında halka götürülmüştür.

Referandumda halka "Avam Kamarası üyelerinin alternatif oy sistemiyle seçilmesini onaylıyor musunuz?" diye sorulduğunda cevap yüzde 67,90 ile hayır oldu. Öyle anlaşılıyor ki, insanlar bu çarpık sistemden memnun; ancak bundan daha önemlisi ve asıl ilginç nokta referandumdaki katılımın yüzde 42'lerde kalması. Bu ilgisizliğin sebebi üzerinde önemle durulması gerekmektedir. Parlamento seçimlerine bakıldığında katılım oranının ortalama yüzde 65 civarında olduğu Birleşik Krallık'ta böylesine önemli bir soruya halkın kayıtsız oluşu birçok açıdan tartışmaya açık bir durumdur. Yüzeysel bir değerlendirmeyle, referanduma konu olan talebin insanlara yeteri kadar iyi anlatılamadığını öne sürülebilir. Yalnız bu sonuçlar mevcut seçim sisteminin ileri bir tarihte yeniden sorgulanmayacağını da göstermez.

Peki bu haliyle parti sistemindeki değişimin önünü kesmek isteyen bir yaklaşım hangi tedbirleri alabilir?

Birleşik Krallık'ta bir sonraki seçim (2022 yılında) parti sisteminde ikili yapıya dönüşü sağlayamaz ve majör partiler (Muhafazakar Parti ve İşçi Partisi) azınlık hükümeti ve koalisyon gibi sonuçlar ortaya çıkardığı için kendi aralarında anlaşarak bir yenilik düşünebilirler. Zaten çarpık olan seçim sistemi üzerinde yine anti demokratik bir düzenlemeyle ülke barajı getirmek olabilecek en basit ve en etkili çözümdür. Bölgesel partilerin Avam Kamarası'na girmesini engelleyecek yüzde 3'lük ülke barajı yardımıyla parti sisteminin yeniden ikili sisteme dönmesi sağlanabilir.

Son yapılan 2017 seçimlerini mercek altına alalım. Bu seçimlerde alınan oylar mevcut seçim sisteminin ortaya çıkardığı parlamento dağılımı şu şekildedir.

Partiler	Oy oranı	Sandalye sayısı
Muhafazakar	42,3	317
İşçi	40,0	262
Liberal Demokrat	7,4	12
İskoç Ulusal	3	35
UKIP	1,8	0
GPEW	1,6	1
Demokratik Birlik	0,9	10
Sinn Fein	0,7	7
Plaid Cymru	0,5	4
Diğer	1,2	0
Bağımsız adaylar	0,5	1
Meclis Başkanı *	0,1	1

Meclis Başkanı olarak kabul gören parlamenterin seçim çevresinde genellikle bir yarış olmaz. Yerleşik gelenek bu seçim çevresinde diğer partilerin aday göstermemesi şeklindedir.

Oylarının neredeyse hepsini Kuzey İrlanda'dan almış Sinn Fein, yüzde 0,7'lik genel oyuna karşılık 7 sandalye kazanırken, genel oyun yüzde 1,8 'inin alan UKIP hiçbir seçim çevresinde birinci olamadığı için meclis dışında kalmıştır. Bu seçim sisteminde diğer seçim sistemlerinden daha belirgin biçimde, bölge partisi olmanın yani oyların dağınık olmasındansa belirli bölgelerde yoğunlaşmasının ne kadar önemli olduğu böylesine trajik bir örnekle daha iyi anlaşılmaktadır. Benzer şekilde, Liberal Demokratların seçim sisteminin değiştirilmesi yönündeki çabaları da yine bu tablo karşısında makul karşılanmalıdır.

Şurası da gayet açıktır ki, sistem içindeki iki büyük parti mevcut seçim sistemi ile dönüşümlü olarak iktidarda olmaya razı görünmektedirler. Bu konuda aralarında zımni bir anlaşma olduğu bile düşünülebilir. Ne olursa olsun formülasyonu değiştirerek Liberal Demokratları iktidar yarışına ortak etmek taraftarı değillerdir. Geriye kalan partilerin çoğu zaten bölgesel partiler oldukları için anca kendi seçim çevrelerini kazanırlar, dolayısıyla toplamda elde edebilecekleri sandalye sayısı hemen hemen bellidir. Bu haliyle bölge partilerinin etkisinin olmadığı 600 kadar seçim çevresinin birçoğunu Muhafazakar Parti ve İşçi Partisi aralarında paylaşırlar ve bunların pek azında Liberal Demokratlar birinci olarak sandalyeyi kazanırlar.

Parti ve seçim sistemi her ne kadar son yıllarda bazı

tıkanmalar da yaşasa, bir takım küçük partilerin desteğiyle bu iki büyük partinin menfaatleri doğrultusunda devam etmektedir. Brexit kararı sonrasında bilhassa İskoçya'da bazı tepkiler ortaya çıkmıştı. Karar, genel halkoyu ile alındığı için İskoçyalılar Avrupa Birliği'nden ayrılmak istememelerine rağmen çıkan bu sonuca katlanmak zorunda kaldılar ve bundan sonra Birleşik Krallık'tan ayrılma talepleri daha yüksek sesle söylenmeye başlandı.

Önümüzdeki yıllarda İskoçya'nın veya diğerlerinin durumunun ne olacağı konusunda birçok şey söylenebilir elbette, ancak ayrılması durumunda tamamen müstakil bir devlet olacakları için doğal olarak İskoç Ulusal Partisi de parlamentoda olmayacaktır. Gerçekleşip gerçekleşmeyeceği şüpheli olan böyle bir senaryo dahi Muhafazakar – İşçi ikilisinin işine yarayacaktır. Öyleyse, Liberal Demokratların iyi bir saha çalışmasıyla kaybettikleri seçim çevrelerine odaklanmaları gerekmektedir. Seçim sistemini referandumda değiştiremedikleri için yapabilecekleri tek iş, geçmiş seçimlerin istatistiki verileri eşliğinde iyi bir saha çalışması yapmaktır. Genel oy oranının önemli olmadığı, seçim çevrelerinde basit çoğunluğun yeterli olduğu İngiltere'de, partiler az farkla kaybettikleri yerleri nasıl kazanabileceklerine öncelikli olarak eğilmelidirler.

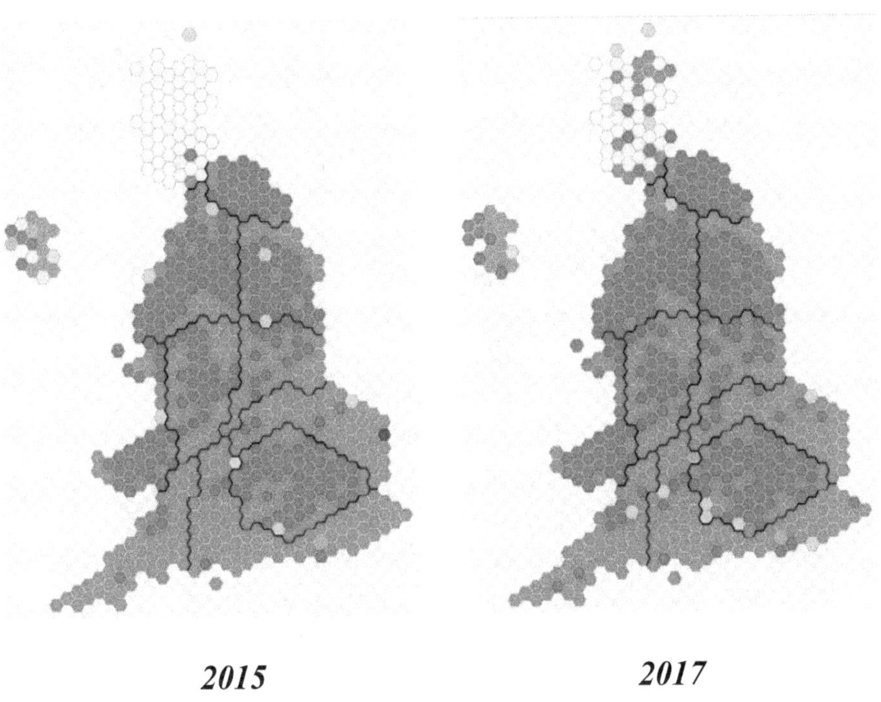

2015   *2017*

Hekzagonal harita üzerinde ülke çapındaki 650 seçim çevresi eş büyüklükte gösterilir. Soldaki harita tek parti iktidarını resmeder.

Esasen seçim çevrelerinin coğrafi büyüklükleri birbirinden farklı, ancak normal haritalar kullanmak yerine yukarıdaki gibi mozaik haritalar yardımıyla 2015 ve 2017 seçimlerini analiz etmek daha kolaydır. Haritalar bir anlamda partilerin kazandıkları sandalye sayısını vermektedir. Soldaki tablo tek parti iktidarını, sağdaki ise bir koalisyonu tasvir ediyor. Şöyle ki; yüzde 36,9 oy oranına rağmen Muhafazakar Parti (maviler) 2015 sonuçlarına göre tek başına yeterli çoğunluğu elde ediyor. 2017 yılındaki seçimlerde ise aldıkları yüzde 42,3'lük oya rağmen tek başına hükümet kurabilecek çoğunluğa ulaşamıyorlar.

Bazı seçim çevrelerinin el değiştirdiği rahatlıkla görülebiliyor. Ayrıntılı haritalarda hangi çevrenin ne kadar oyla kaybedildiği görüldükten sonra şayet çok az farkla kaybedilmişse müteakip seçimde o çevreye parti daha fazla destek vererek kazanmaya çalışır. Sonuçta, birçok çevrede kazananlar çok küçük farklarla belirleniyor. Öte yandan, bu küçük farkların da etkisiyle zaman ilerledikçe Avam Kamarası'nda daha parçalı kompozisyonlar oluşmaya başlamış ve tek parti iktidarı zorlaşmıştır. İşte bu saydığımız etkenler, tüm bölgelerden oy alabilen üç büyük partinin söz konusu haritaları iyi etüt etmesini şart kılmaktadır.

Şimdi de 2017 yılında yapılmış son genel seçimlerin Tek Bölge Formülasyonu hesabında nasıl sonuçlar ortaya çıkaracağını görelim.

Doğal olarak ulusal baraj yok, o nedenle tıpkı Hollanda'da olduğu gibi asgari "bir vekillik" oy oranı alabilen parti Avam Kamarası'nda olacak demektir. İngiltere'deki seçim sistemine göre 650 seçim çevresi var, ancak son meclis başkanının kendi bölgesi olan Buckingham seçim çevresini istisna tutarak partiler arası yarışın ilk başta 649 sandalye için yapıldığını söylemek daha gerçekçi olacaktır. Buna ilaveten bağımsız adaylardan sadece 1 kişinin seçilebildiği bilgisi geliyor ve partiler arası yarışın 648 sandalye için olacağı ortaya çıkıyor. Kısacası, buradaki hesaba göre geçerli oyların 648'de 1'ini almak yeterli olacaktır.

Siyasi partiler 2017 seçimlerinde toplam 32.018.354 oy almışlar ve bu sayı 648'e oranlandığında seçim sabiti (kota) bulunabilir.

$$\Theta = 32.018.354 / 648 \approx 49.411$$

Partileri elde edilen bu "Θ" ile oranlayarak ilk dağılımı buluyoruz.

			ek sandalye
Muhafazakar Parti	13.636.684 / 49.411 =	275,98	*
İşçi Partisi	12.877.858 / 49.411 =	260,63	*
Liberal Demokratlar	2.371.861 / 49.411 =	48,00	
İskoç Ulusal Partisi	977.568 / 49.411 =	19,78	*
UKIP	594.068 / 49.411 =	12,02	
GPEW	512.327 / 49.411 =	10,37	*
Demokratik Birlik Partisi	292.316 / 49.411 =	5,92	*
Sinn Fein	238.915 / 49.411 =	4,84	*

$$
\left.
\begin{array}{lrcl}
\text{Plaid Cymru} & 164.466 / 49.411 & = & 3,33 \\
\text{SDLP} & 95.419 / 49.411 & = & 1,93 \\
\text{UUP} & 83280 \ / 49.411 & = & 1,68 \\
\text{Alliance} & 64553 / 49.411 & = & 1,31
\end{array}
\right)
\begin{array}{c}
* \\ * \\ * \\
\end{array}
$$

Bölümlerdeki tam kısımlar kesinleşen sandalyeleri (ilk yerleşimleri) verecektir. Bu sayıların toplamı 639 yapıyor. Geriye kalan 9 sandalye ise beklenildiği gibi en yüksek ondalıklı değerlere dağıtılır. Bunlar sırasıyla; Muhafazakar Parti, SDLP, Demokratik Birlik Partisi, Sinn Fein, İskoç Ulusal Partisi, UUP, İşçi Partisi, GPEW ve Plaid Cymru partileridir.

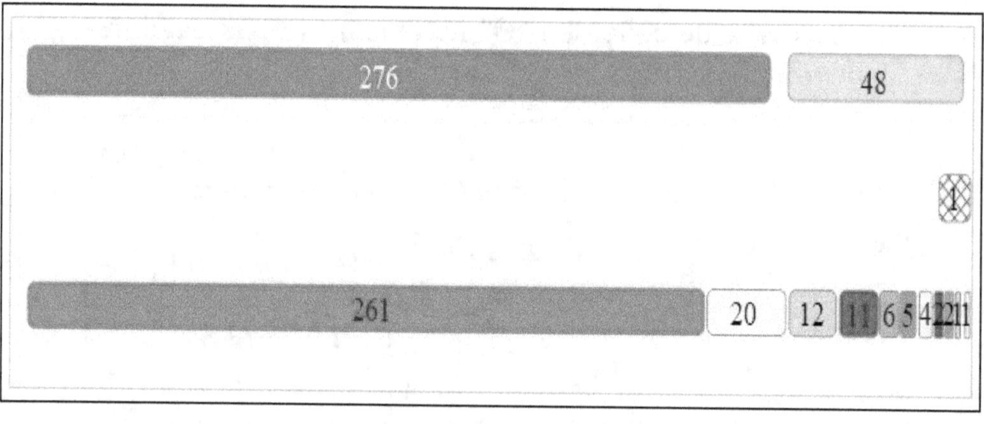

Tek Bölge Formülasyonu ile 2017 seçim sonuçlarına göre Avam Kamarası

Dağılım tamamlandığında Avam Kamarası'nda karşımıza yukarıdaki gibi yine parçalı bir kompozisyon çıkıyor. Muhafazakar partinin bu sonuçlara göre Demokratik Birlik Partisi ile yapacağı bir koalisyon çoğunluğu sağlamaya yetmeyeceğinden ya azınlık hükümeti için dışarıdan başka destekler bulmak zorundadır ya da Liberal Demokratlarla anlaşma yoluna gidecektir. Bu iki partinin sandalye toplamının salt çoğunluğu (326 ve üzeri) bulabilmesi için iki parlamenterin daha desteğine ihtiyaç kalıyor. Bu destek, Liberal Demokratların Kuzey İrlanda'daki takipçisi Alliance tek vekilinden ve bağımsız vekilden sağlanabilir.

Tek turlu tek isimli çoğunluk formülünde sekiz parti Avam Kamarası'na girerken bu sayı Tek Bölge Formülasyonu ile oniki oluyor. Tek Bölge Formülasyonu uygulanmış olsaydı UKIP, aldığı yüzde 1,8'lik oy oranıyla Avam Kamarası'da 12 sandalye ile temsil edilmiş olacaktı. Bunun yanısıra SDLP ve UUP ikişer, Alliance ve bağımsızlar da birer sandalye ile temsil hakkı kazanmış olacaktı.

ALMANYA'NIN KARMAŞIK SİSTEMLERİ

Westminster Modeline bir yönüyle benzeyen, fakat birçok yönden onunla ayrışan Federal Almanya Cumhuriyeti'nin genel sistemi, parlamentarist gelenekte bazı ilkleri de karşımıza çıkarmaktadır.

1871'de Prusya öncülüğünde siyasal birliğini sağlayan Almanya, başına gelen bir takım talihsiz olaylardan sonra 1949'da parlamenter demokrasiyi tesis edebilmiş ve 1990' daki yeniden birleşmeyle (*vereinigung*) birlikte şimdiki sınırlarına kavuşmuştur.

Almanya, XIX. yüzyılda prensliklerin bir araya gelmesiyle oluştuğu için doğal olarak federal bir yapıya sahiptir. Devleti oluşturan bu prenslikler günümüzde eyalet (*Bundesländer*) olarak adlandırılmaktadır ve sayısı on altıdır. Yasama organı iki kamaralı olup, alt kanat Bundestag'ın seçimleri dört yılda bir yapılmaktadır. Eyaletlerin temsil edildiği parlamentonun üst kanadı Bundesrat ise 69 üyeden oluşmaktadır.

Peki, üyeleri doğrudan halkın oyuyla seçilen Bundestag kaç kişiden oluşuyor?

Asıl ilginç olan detaylardan birisi bu; çünkü bu sorunun

net bir karşılığı yok, daha doğrusu sorunun yanıtı Almanya'daki "çok özel" seçim sisteminde gizli. Muadilleriyle mukayese edildiğinde biraz karışık bir formülasyon söz konusu ancak "karma adaylı nispi temsil" şeklinde tanımlanan formülasyonda amaç temsilde adaletin sağlanması. Bu bakımdan Alman seçim sistemi, İngiltere'dekinden bir hayli farklıdır ve tek parti iktidarını yeğ tutan çoğunlukçu Westminster ekolünün aksine Almanya'daki sistem çoğu kez koalisyonlar ortaya çıkarmaktadır.

Almanya'daki seçmenler oy kabinine iki bölmeli pusula ile girerler, yani her seçmenin iki oyu vardır. Birinci bölümde(sol kısım) seçmen, tıpkı İngiltere'de olduğu gibi bulunduğu dar bölgedeki adayını seçiyor. 299 milletvekili birincil oyla (*direktmandat*) seçilmektedir. Bir başka ifadeyle ülke, her birinden sadece tek bir vekilin basit çoğunlukla seçildiği 299 dar bölgeye ayrılmıştır. İkinci bölümde(sağ kısım) ise seçmenler eyalet listelerine oy vermektedirler, nispi temsile göre dağılımın gerçekleştiği ikincil oylarla yine 299 milletvekili seçilmektedir.

Öyleyse, biraz önceki sorunun cevabı ilk etapta 598 olarak görünüyor. Ancak bu sayı hemen hemen her seçimde aşılmıştır. 598 sandalye Bundestag için daha çok teorik bir sayı olarak düşünülür ve meclisin asgari bu mevcutta olacağı varsayılır.

Seçim günü sandığa giden hiçbir seçmen akşama kaç kişilik bir meclisin ortaya çıkacağı hakkında kesin bir fikir sahibi değildir. İşte bu dikkat çekici ayrıntı şimdiye kadar gördüğümüz örneklere bir hayli aykırıdır. Formülasyonu inceleyerek bunun nasıl gerçekleştiğini anlayabiliriz.

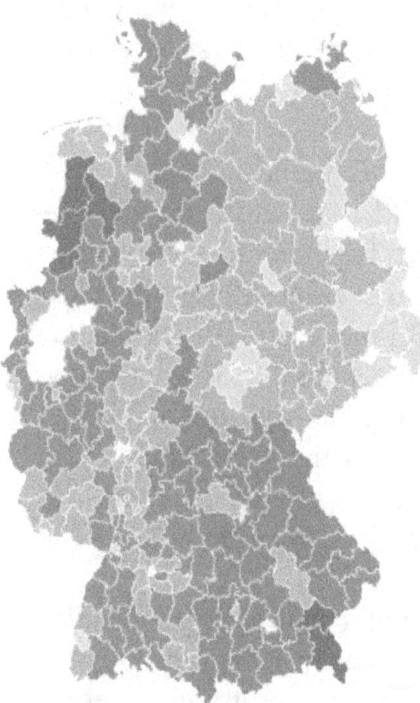

Tek isimli tek turlu seçim için 299 dar bölge. (birincil oylar)

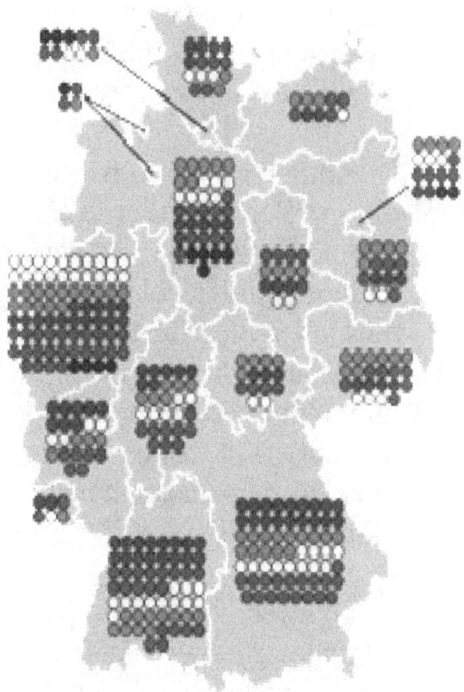

Parti listelerinin oylandığı on altı eyaletten toplam enaz 299 milletvekili seçiliyor. (ikincil oylar)

Öncelikle, Alman seçim sistemi neyi ister ve formülasyon ana hatlarıyla nasıl işlemektedir?

24 Eylül 2017 tarihinde yapılan son Bundestag seçimlerinde 709 milletvekili seçilmiştir. 598 olarak temel alınan sayının bir hayli üzerindedir bu sayı. Yukarıdaki soruya da cevap olacak şekilde Alman seçim sistemini analiz edelim ve aradaki 111 vekillik farkın nedenlerini görelim.

Bilinmesi gereken öncelikli husus, Almanya'daki seçim sisteminin temsilde adaleti önde tuttuğudur. Ulusal baraj olarak %5 kabul edilmiş olsa da bir parti birincil oyları neticesinde 3 seçim çevresi kazanabildiği takdirde barajdan muaf oluyor. Basit çoğunluğu almanın yeterli olduğu ülke genelindeki 299 çevrede birincil oylar, 299 vekilin kimler olduğunu ilk adımda belirliyor. İkinci adımda ise partiler aldıkları oy nispetinde eyalet listelerinden milletvekillikleri kazanıyorlar.

Çoğu kimselere göre oldukça karışık olan bu seçim matematiğinde ilan edilen oylar ikincil oylar yani parti listelerine verilen oylardır. Birincil oylar çok önemli değildir; çünkü oradaki oylamanın sonucunda ilgili seçim çevresindeki tek bir aday en çok oyu almak suretiyle seçimi kazanmış ve yarış tamamlanmıştır. Ancak, ikincil oylar tüm meclis aritmetiğini değiştirebilecek güce sahiptir ve sandalye hesabındaki tüm ayarlamalar ikincil oranlara göre yapılır.

Seçimlerden önce hangi eyaletin kaç sandalye ile temsil edileceği demografik verilerin yardımıyla 598 sandalye sayısını tuturacak şekilde hesaplanıyor. Buna göre en büyük eyalet Nordrhein-Westfalen'e 128 sandalye düşerken, en küçük eyalet Bremen'e 5 sandalye düşüyor. Almanya Seçim Kurulu'nun (*Der Bundeswahlleiter*) ilan ettiği tablodan bunu görebiliriz.

73.377.332 sayısı 598'e oranlandığında sonuç yaklaşık 122.704,56 'dır. Fakat bunu bölen olarak kullandığımızda eyalet kontenjanları toplamı 597 oluyor.

Bu durumlarda sistem üzerinde "iterasyon" yapıldığında en ideal bölen(divisor) 122.650 olarak seçilebilir.

Land	Deutsche Bev. 30.06.2016	Divisor	Sitze	
			ungerundet	gerundet
Schleswig-Holstein	2.673.803		21,80	22
Mecklenburg-Vorpommern	1.548.400		12,63	13
Hamburg	1.525.090		12,43	12
Niedersachsen	7.278.789		59,35	59
Bremen	568.510		4,64	5
Brandenburg	2.391.746		19,50	20
Sachsen-Anhalt	2.145.671		17,49	17
Berlin	2.975.745	: 122.650 =	24,26	24
Nordrhein-Westfalen	15.707.569		128,07	128
Sachsen	3.914.671		31,92	32
Hessen	5.281.198		43,06	43
Thüringen	2.077.901		16,94	17
Rheinland-Pfalz	3.661.245		29,85	30
Bayern	11.362.245		92,64	93
Baden-Württemberg	9.365.001		76,36	76
Saarland	899.748		7,34	7
Insgesamt	73.377.332			598

Partilerin aldıkları oy nispetinde Bundestag'da temsiliyet kazanmalarını sağlayan algoritmanın Almanya'daki adı, *Sainte-Laguë/Schepers*... Bu algoritmada sayıların ondalıklı kısımlarının daha sağlıklı yuvarlanabilmesi için sıklıkla iterasyon metodu kullanılmaktadır. Bir eyaletteki sonuçlar üzerinden bunun nasıl yapıldığını görelim.

Eyalet kontenjanları hesaplanırken payına 13 sandalye düşen **Mecklenburg-Vorpommern** eyaletinde partilerin aldıkları oy oranları ve 6 adet seçim çevresindeki sonuçlar şu şekildedir.

Birincil Oylar (DirekMandat)
Kullanılan yöntem: Basit çoğunluk (First Past The Post)

Parti	CDU	SPD	FDP	Die LINKE	AfD	GRÜNE
Kazanılan çevre sayısı	6	0	0	0	0	0

İkincil Oylar (Parti eyalet listeleri)
Kullanılan yöntem: Nispi çoğunluk, en yüksek ortalama (Sainte-Laguë/Schepers)

Parti	Oy miktarı	Oy oranı
CDU	307263	33,1
SPD	139.689	15,1

FDP	57895	6,2
Die LINKE	165368	17,8
AfD	172409	18,6
GRÜNE	39517	4,3
Diğer	45372	4,9

Hıristiyan Demokratlar (CDU) birincil oyların sonucunda eyaletteki altı seçim çevresinin tamamını kazanmışlardır. Birincil oylar bundan sonraki adımlarda herhangi bir değerlendirmeye tabi tutulmayacaklardır, vazifelerini tamamlamışlardır.

Asıl belirleyici ikincil oylar için ise iterasyon yoluyla uygun bir bölen (divisor) seçilir ve ona göre dağılım şekillenir. Barajı geçen partilerin 13 milletvekilini paylaşması söz konusudur, dolayısıyla CDU, SPD, FDP, Die LINKE, AfD ve GRÜNE partilerinin aldığı oy toplamı olan 882.138'nin 13'e oranlanması sonucunda bölen 67.856,769 olarak bulunur. Ancak bu bölen parti oylarına oranlanarak ondalıklı kısma göre yuvarlandığında sandalye toplamları 14 oluyor.

		yuvarlama
CDU	307.263 : (67856,769) = 4,528	5

SPD	139.689 : (67856,769) = 2,059	2
FDP	57.895 : (67856,769) = 0,853	1
Die LINKE	165.368 : (67856,769) = 2,437	2
AfD	172.409 : (67856,769) = 2,541	3
GRÜNE	39.514 : (67856,769) = 0,582	1
		14

Toplamın 13'ü aşması yeni bir bölen (divisor) seçmeyi gerektiriyor. O nedenle buradan itibaren, bu en son verileri baz alarak -0,5'luk ve -1,5'lik iterasyon süreci uygulanıyor. Elde edilecek sonuçlardan 67.856,769 'a en yakın ikisi ele alınacak ve uygun bölen o aralıktan seçilecektir.

		(-0,5)	Divisor adayları	(-1,5)	Divisor adayları
CDU	307263	4,5	68.280,67	3,5	87.789,429
SPD	139689	1,5	93.126	0,5	279.378
FDP	57895	0,5	115.790		
Die LINKE	165368	1,5	110.245,33	0,5	330.736
AfD	172409	2,5	68.963,6	1,5	114.939,333
GRÜNE	39514	0,5	79.028		

İterasyon sonucunda en ideal bölenin 68.280,67 ile 68.963,6 arasında olduğu tespit edilir. Almanya Seçim Kurulu da bu doğrultuda eyalet için en uygun böleni 68.500 olarak seçmiştir. Parti oyları bu yeni bölenle oranlanarak yuvarlandığında çıkaracakları vekil sayısı şudur:

CDU	SPD	FDP	Die LINKE	AfD	GRÜNE
4	2	1	2	3	1

CDU'nun Mecklenburg − Vorpommern eyaletinden birinci oylarla kesin olarak 6 vekil çıkarttığı fakat oy yüzdesinin sadece 4 vekil için yeterli olduğu görülmektedir. CDU, 2 vekil fazladan kazanmıştır ve bu durum (*überhangmandat*) ilerleyen adımlarda diğer partilere listelerinden ilave vekillikler verilmek suretiyle dengelenmeye çalışılacaktır.

O halde geçici dağılım olarak nitelenebilecek bu ilk sürecin sonunda Mecklenburg − Vorpommern eyaletinde CDU: 6, SPD: 2, FDP: 1, Die LINKE: 2, AfD: 3 ve GRÜNE: 1 sandalyeyi garantilemişlerdir. CDU'nun birincil oylardaki orantısız başarısından kaynaklı iki sandalyelik fazlalığın neticesinde eyaletin sandalye toplamı 15'e çıkmıştır. Diğer eyaletlerde de aynı algoritma çalıştırılarak kesinleşen sandalyeler belirlenir ve bir ara sonuç ortaya çıkar.

Ara sonuçta, fazlalık sandalyelerden (überhangmandat) dolayı 598 sayısının bir hayli üzerine çıkıldığı görülecektir muhtemelen. Bunun en yakın örneği olan Mecklenburg – Vorpommern eyaletindeki dağılımda bile yukarıda gördüğümüz gibi milletvekili toplamı 13 yerine 15 olarak gerçekleşti. Almanya genelinde 2017 seçimleri için ara sonuçlarda 644 milletvekili belirlenmiştir.

Bu ara sonuç, olması gereken toplamın 46 fazlasıdır. [7] Söz konusu bu fazlalığın doğal bir sonucu olarak partilerin oy nispetlerine göre çıkarmaları gereken milletvekili sayılarında bazı uyumsuzluklar ortaya çıkmaktadır. İşte oluşan bu uyumsuzlukları telafi etmek için ikinci aşamada bir düzeltme faktörü (*ausgleichsmandat*) uygulanmaktadır. Esas sonuç olarak partilerin ulusal bazda aldıkları oy miktarına göre ne kadar milletvekiline sahip olacakları *Sainte-Laguë/Schepers* formülasyonu yardımıyla, iterasyon metodunda olduğu gibi fakat bu sefer (±0,5) aralığında en uygun bölen (divisor) bulunarak hesaplanır.

Şimdi bu ikinci kısımdan bir kesit sunarak işlem mantığını somutlaştıralım.

---

7) Bunun sebebi ülke genelinde CDU'nun 36, CSU'nun 7 ve SPD'nin 3 sandalye fazlalık (überhangmandat) elde etmesidir.

	Ara Sonuç	*(-0,5)*	*Genel Oy*	*Parti böleni: Oy/(ara sonuç-0,5)*
CDU	200	199,5	12.447.656	**62.394,266** *
SPD	134	133,5	9.539.381	71.456,037
FDP	65	64,5	4.999.449	77.510,837
Die LINKE	59	58,5	4.297.270	73.457,607
AfD	83	82,5	5.878.115	71.249,879
GRÜNE	57	56,5	4.158.400	73.600
CSU	46	45,5	2.869.688	63.070,066
		+ 644		**+ 44.189.959**

Tablodaki en küçük bölen CDU'ya ait : 62.394,266 .

Ara sonuçlarda bu partinin her vekilini yaklaşık olarak 62.394 oyla seçtirdiği anlaşılıyor. Aynı tabloda FDP için ilgili değer oldukça yüksek: 77.510,837.

Oluşan çarpıklığı gidermek için diğer partilerin vekil sayılarının da belirli miktarlarda yükseltilmesi gerekmektedir. En küçük bölene (62.394,266) göre bir düzeltme yapılarak partilerin gerçekte alması gereken vekil sayısı bulunabilir. Bu arada genel sonuçlar için ölçü alınacak bölenin de (Θ) buna yakın bir yerde olacağı anlaşılabilir. Ancak, yine de ($\pm 0,5$) aralığında Sainte-Laguë/Schepers hesaplaması yapılarak yuvarlak uygun bir (Θ) değeri saptanır.

Parti	Genel Oy	Bölen	Yükseltme sonrası dağılım		Yuvarlan mış (+0,5)	Bölen alt sınırı: Oy/(yuv+0,5)
			yuvarlan mamış	yuvar lanmış		
CDU	12.447.656		199,5	200	200,5	62.083,072
SPD	9.539.381		152,889	153	153,5	62.145,805
FDP	4.999.449		80,127	80	80,5	62.104,957
LINKE	4.297.270	62.394,266	68,873	69	69,5	61.831,223
AfD	5.878.115		94,209	94	94,5	**62.202,275**
GRÜNE	4.158.400		66,647	67	67,5	61.605,926
CSU	2.869.688		45,993	46	46,5	61.713,72
Toplam	44.189.959			**709**		

Geçici en küçük bölen 62.394,266 'ya en yakın değer görüldüğü gibi 62.202,275 'tir. Bu da gösteriyor ki, sistemin ortak böleni 2017 seçimleri için bu iki değerin arasındadır. Alman Seçim Kurulu(*Bundeswahlleiter*) da buna istinaden genel böleni 62.300 olarak ilan ediyor.

$$\Theta = 62.300$$

Yine çok önemli bir diğer gösterge, Bundestag'da seçimler neticesinde kaç kişilik bir genel kurulu oluştuğunun netleşmesidir. Tabloya göre meclis 709 parlamenterden oluşmalıdır ki, ikinci oylara göre her parti hakkaniyetli bir temsiliyete kavuşmuş olsun.

Artık geriye sadece partilerin kazanmış oldukları ek sandalyelerin hangi eyaletlerden olduğunu bulmak kalmıştır. Sözgelimi, Die LINKE partisi ara sonuçlara göre 59 sandalye garantilemiş, fakat kesin sonuçlar partinin 69 sandalye kazandığını gösteriyor. Demek oluyor ki, parti muhtelif eyaletlerde listesinden toplamda 10 sandalye daha alacaktır.

Die LINKE'den devam edelim. Partinin tablosuna göz attığımızda partiye özel "Θ" değerinin 62.279,275 olduğu bulunur.

$$4.297.270 \ / \ 69 \ = \ 62.279,275$$

Partinin eyaletlerdeki oyları bu sayıya oranlanıp yuvarlama yapıldığında milletvekili toplamlarının 69 yerine 70 olduğu görülmüştür.

Böyle durumlarda daha önceden olduğu gibi iterasyon yapılır. Bir adımlık iterasyonla partinin en ideal "Θ" değeri belirlenir.

Land	Zweitstimmen	Division mit Sitzzahl aus vorherigem Schritt - 0,5	= Divisor-Kandidat 1	Division mit Sitzzahl aus vorherigem Schritt - 1,5	= Divisor-Kandidat 2	Ausgewählter Divisor	Sitze gerundet	Maximum aus Wahlkreis- und Landeslistensitze
			Ermittlung der Divisorkandidaten			Berechnung der Sitze		
1. Iterationsschritt								
Schleswig-Holstein	124.678	1,5	83.118,667	0,5	249.356		2	2
Mecklenburg-Vorpommern	165.368	2,5	66.147,2	1,5	110.245,333		3	3
Hamburg	119.076	1,5	79.384	0,5	238.152		2	2
Niedersachsen	322.979	4,5	71.773,111	3,5	92.279,714	Divisorspanne:	5	5
Bremen	44.629	0,5	89.258				1	1
Brandenburg	255.721	3,5	73.063,143	2,5	102.288,4	> 62.346,286	4	4
Sachsen-Anhalt	220.858	3,5	63.102,286	2,5	88.343,2	und	4	4
Berlin	351.170	5,5	63.849,091	4,5	78.037,778	<= 63.102,286	6	6
Nordrhein-Westfalen	736.904	11,5	64.078,609	10,5	70.181,333		12	12
Sachsen	398.627	5,5	72.477,636	4,5	88.583,778	Ausgewählter	6	6
Hessen	271.158	3,5	77.473,714	2,5	108.463,2	Divisor:	4	4
Thüringen	218.212	3,5	62.346,286	2,5	87.284,8		3	3
Rheinland-Pfalz	160.912	2,5	64.364,8	1,5	107.274,667	63.000	3	3
Bayern	450.803	6,5	69.354,308	5,5	81.964,182		7	7
Baden-Württemberg	380.727	5,5	69.225,091	4,5	84.606		6	6
Saarland	75.448	0,5	150.896				1	1
Bundesgebiet	4.297.270							69
Mögliche Divisorspanne:		> 62.346,286 und <= 63.102,286						
Ausgewählter Divisor:		63.000						

Die LINKE için yapılan iterasyon, eyaletlere göre aldığı oylar ve sandalyeler [8]

Partinin milletvekili toplamının 69 olabilmesi için -0,5'luk ve -1,5'lik tek adımlık iterasyon yeterli olmuş ve 62.279,275'a en yakın iki değerin aralığından seçilen

---

8) Almanya Seçim Kurulu, Die LINKE için yaptığı iterasyonda en uygun parti bölenini 63.000 olarak seçmiştir. Bu değer, 62.279,275 'e yakındır ve metoda uygun bir şekilde [62.346,286 ; 63.102,286] aralığından seçilmiştir.

63.000 değeri, Die LINKE partisinin özel "Θ" sı olmuştur.

$$\Theta \text{ (DieLinke)} = 63.000$$

Partinin tüm eyaletlerdeki oyları 63.000'e bölünerek hangi eyaletlerde kaç sandalye kazandığı, daha doğrusu ek sandalyeleri nerelerden kazandığı bulunur. Daha önce özel olarak incelediğimiz *Mecklenburg - Vorpommern* eyaletinde Die LINKE için ek sandalye olup olmadığını kontrol edebiliriz.

Die LINKE'nin Mecklenburg − Vorpommern 'deki parti oyu 165.368 ve ilk aşamada bu oylarla 2 sandalyeyi zaten garantilemişti. Bu eyaletteki kesin sayısını görmek için ;

$$165.368 / 63.000 = 2,62 \quad \text{(yuvarlanır)} \quad \longrightarrow \quad 3$$

Die LINKE'nin listeden 1 ilave sandalye daha almasıyla birlikte eyaletin Bundestag'daki temsili 16'ya çıkmış bulunmaktadır.[9] Öyleyse Mecklenburg − Vorpommern için kesin sonuçlar şu şekildedir.

CDU	SPD	FDP	Die LINKE	AfD	GRÜNE
6	2	1	**3**	3	1

---

9) Diğer partilerin Mecklenburg-Vorpommern eyaletinden ek sandalye alamadığı aynı yöntem kullanılarak görülebilir.

Diğer partiler için de aynı yöntemle eyalet bazında almış oldukları ek sandalyeler tespit edilir ve böylelikle seçim sonuçları kesinlik kazanmış olur.

Böylesine meşakkatli bir algoritma yoluyla hesaplanabilen ve her seçim döneminde farklı sayılarda bir meclis ortaya çıkaran Alman seçim sistemi acaba ne kadar adaletli bir paylaşım gerçekleştirmiştir?

Partilere verilen oyların asıl belirleyici oylar olduğunu; tüm ince ayarlamaların, fazlalık değerlerin ve bunu telafi etmesi için partilere dağıtılan ek sandalyelerin ölçüsünün bu oylar olduğunu görmüş olduktan sonra şimdi geriye doğru bir analiz yapalım ve sistemin ne ölçüde makul tecelli ettiğine karar verelim.

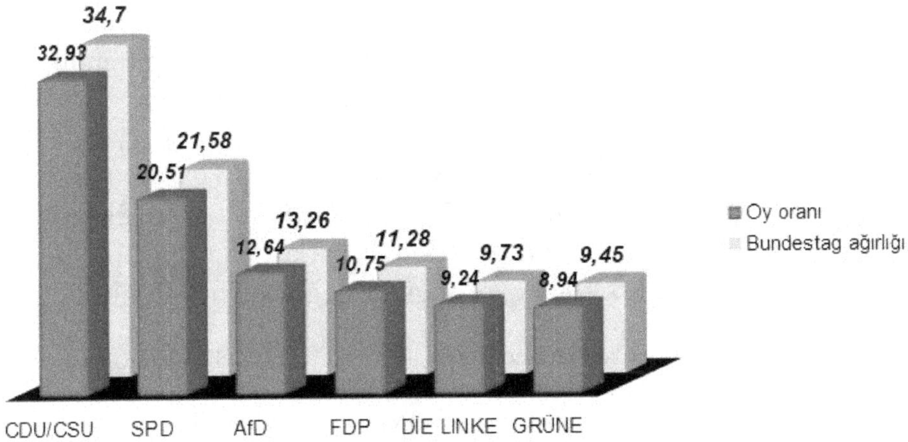

Bundestag'daki milletvekili dağılımına bakıldığında sonuçların gayet kabul edilebilir olduğunu söylemek gerekir. Altı siyasi partinin de aldıkları oya yakın temsiliyet elde ettikleri yukarıdaki grafikten açıkça görülmektedir.[10]

Yüzde 5'lik ulusal barajın, barajı geçen partilerin lehine birkaç puanlık katkı sağlaması da doğal bir durum. Barajı geçemeyen partilerin hak edişleri her yerde olduğu gibi barajı geçenler arasında pay edilmiştir. *Paralel oylama* sisteminin geçerli olduğu Japonya'daki sonuçların ortaya çıkardığı çarpıklığı göz önüne getirdiğimizde Almanya'daki sistemin ne kadar ölçülü, eşitlikçi bir sistem olduğu daha kolay ifade edilebir. Çünkü, Almanya'daki sistem (*kişiselleştirilmiş ve nispi oran esaslı oylama*) birinci ve ikinci oylardaki uçurumu, ikinci oyları esas alarak partiler lehine dengelemeye çalışıyor ve bunun neticesinde alınan oylarla kazanılan sandalye sayıları arasında orantısız farklar oluşmuyor. Katılım yüzdesinin de 76,2 olduğunu ve bunun iyi sayılabilecek bir oran olduğunu belirtmek gerekir.

Elbette böyle bir seçim sisteminin Almanya'da tek parti iktidarlarını öncelediğini söylemek mümkün değildir. Alman hükümeti denildiği vakit ilk akla gelen olgu koalisyon olgusudur, 1949'dan bugüne değin bir istisna hariç

---

10) CDU ve CSU kardeş partilerdir ve ikisi bir parti kabul edilir. CDU/CSU olarak veya sadece Union(Birlik) olarak adlandırılır ve seçimler sonrasında tek bir parti olarak gösterilirler. CDU, Bavyera eyaletinde seçimlere girmez, burada onun yerine CSU yarışır.

sürekli koalisyonlar görülür. Partiler, koalisyon ortaklığı için kendilerine yakın buldukları partiyi seçimlerden önce duyururlar. Ancak bunun seçmen üzerinde ne kadar etkili olduğu ayrıca sorgulanması gerekir, zira çoğu ülkede görülenin aksine özellikle son yıllarda sıkça karşılaşılan CDU/CSU − SPD koalisyonları siyaset bilimindeki bir takım kalıplaşmış fikirleri sarsmaktadır.

Ülkenin iki majör partisinden merkez sağdaki CDU/CSU (*ya da sadece Birlik Partileri*) ile merkez soldaki SPD normal şartlar altında birbirlerinin alternatifi olan ve farklı sosyal sınıfların temsilcileri olan partilerdir. Olağan durumda iktidar bu iki partiden birisinin ana omurgayı oluşturduğu koalisyonlar arasında değişmelidir; ancak Almanya'da böyle bir işleyiş görülmez. Büyük koalisyon *(Grosse Koalition)* olarak adlandırılan bu oluşum Bundestag'da da büyük bir ağırlığa sahiptir ve genellikle yasama döneminin sonuna kadar devam ederek ayrıca bir başarı daha sergiler.

Olağan durumlarda CDU/CSU 'nun en yakın ortağı yine merkez sağda konumlanmış ama liberal kimliğe sahip FDP'dir... 2013 seçimlerinde az farkla baraja takılarak Bundestag dışında kaldığı dönem hariç CDU/CSU'nun öncelikli ortağı hep FDP olmuştur. Aritmetiğin yeterli olduğu hallerde sol bir partinin desteğine ihtiyaç kalmadan CDU/CSU − FDP koalisyonu görevine başlar. FDP'nin bu konudaki başarısı ortadadır, hemen hemen her dönem hükümet ortağı olmayı başarırlar. Bundestag'daki anahtar parti olarak bilinirler ve sadece CDU/CSU ile değil, 1969-1982 yılları arasında SPD ile de koalisyon ortaklığı yaparak tüm dönemlerin partisi olmayı hak etmişlerdir.

Solda yelpazede ise merkez parti SPD dışında Birlik Yeşiller (Bündnis 90/GRÜNE) ve daha radikal sol Die LINKE yer alır. Die LINKE, sosyalist ideolojiye sahip PDS'in devamı sayılır. Yeşiller ise daha merkeze yakın konumdadır ve SPD'nin öncelikli koalisyon ortağıdır. Bu iki parti en son 1998-2005 yılları arasında iki dönem iktidarı ellerinde tutmuşlardır.

Son dönemlerde güçlenerek ulusal ölçekte varlığının hissettiren ve son seçimlerde sürpriz bir şekilde aldığı yüzde 12,6 oyla 94 sandalye kazanan AfD ise parti sistemine katılan en yeni parti oldu. İdeolojik pozisyon olarak en sağda yer alan AfD'nin koalisyon ortağı olabilmesi mevcut durumuyla bir hayli zor ancak ilerleyen zamanlarda ülkedeki parti sistemini ve bununla birlikte toplumsal parametreleri ne derece etkileyeceği bir merak konusudur.

Bir özetleme yapılması gerektiğinde Almanya'daki koalisyon senaryoları şu başlıklar altında toparlanabilir:

CDU/CSU – SPD : Siyah-Kırmızı

Büyük Koalisyon. Bundestag'da yüksek oranda sandalye sahibi hükümet. Yasama ve yürütme faaliyetlerinde çoğunluk sahibi olmanın verdiği rahatlık.

CDU/CSU-SPD-GRÜNE : Siyah-Kırmızı-Yeşil

Kenya koalisyonu. Büyük koalisyonun salt çoğunluğu bulamadığı veya hükümet programının gerektirdiği durumlarda Yeşiller Partisi'nin takviye olarak katılmasıyla oluşur. Üçlü koalisyon olduğu için daha kırılgandır.

SPD - GRÜNE : Kırmızı-Yeşil

Merkez sol iktidarı anlamına gelir. İdeolojik olarak tutarlıdır nitekim sol iktidarda iken sağ bunun alternatifi olarak muhalefette kalmıştır.

SPD - FDP : Kırmızı-Sarı

Sosyal Liberal koalisyon. Kırmızı-Yeşil kadar olmasa da uyumludur. FDP'nin 1969-1982 arasında SPD'nin daimi ortağı olduğu göz önünde bulundurulduğunda bu senaryonun Almanya özelinde başarılı olduğu söylenebilir.

FDP'nin birkaç dönem hariç tüm dönemlerde iktidara

ortak olmasının ve liberal kimliğinin bu başarıdaki etkisi yadsınamaz.

SPD-FDP-GRÜNE : Kırmızı-Sarı-Yeşil

Trafik lambası koalisyonu. Sol kimlikli iktidara liberal takviyenin yapıldığı senaryo. FDP'nin onayı alınabilirse bir yasama dönemi boyunca görevini sürdürebilir. Kenya Koalisyonuna göre daha tutarlıdır çünkü sol iktidara eklemlenmiş FDP, CDU/CSU gibi muhafazakar değil, liberal tandanslı bir partidir.

CDU/CSU-FDP-GRÜNE : Siyah-Sarı-Yeşil

Jamaika koalisyonu. Bu senaryo 2005 seçimlerinin ertesinde matematiksel olarak mümkündü fakat FDP muhalefette kalma isteğini açıklayınca gerçekleşemedi. Yeşiller Partisinin uyumuna göre koalisyon başarılı ya da başarısız olur.

CDU/CSU - FDP : Siyah- Sarı

En ideal sağ iktidar demektir ve Hıristiyan Demokratların en çok tercih ettikleri koalisyondur. Muhafazakar-Liberal ortaklı sağ iktidar yürütme faaliyetlerine genellikle sorunsuz devam eder.

Partilerin oluşturduğu renk kombinlerinden ötürü Almanya'daki koalisyon senaryoları da farkedileceği üzere genellikle ülke bayraklarıyla anılır olmuş. Kenya koalisyonu, Jamaika koalisyonu vs... Burası işin renkli tarafı.

Koalisyon görüşmelerinin bazı hallerde çok uzun sürmesinin bir krizi tetiklemesi beklenmez, beklenilen durum bir şekilde anlaşmanın sağlanacağı yönündedir. Partiler olası bir koalisyon için düşündüğü ortağı öncesinden ilan etmiş olsa da seçim sonuçları bazı zamanlarda o hesapları tersine çevirir ve o yüzden hiç beklenmedik koalisyon pazarlıkları uzun bir süre devam eder. Bazı diğer Avrupa ülkelerinde olduğu gibi aylar sonra bir koalisyon protokolü imzalanır ve gizli oturumda kimin Başbakan olacağına karar verilir. Başbakan genellikle en büyük partinin başkanıdır.

Türkiye'de de çok partili dönem boyunca kurulan çeşitli koalisyonlarda Almanya'daki zenginliği görmek mümkün. Demokrasinin kesintilere uğraması, devam eden dönemlerde aynı fraksiyondaki partilerin parçalanmaları ve yeni partilerin ortaya çıkıp güçlenmeleri Türkiye özelinde genel bir değerlendirme yapmayı zorlaştırsa da dönemlerine göre hangi partilerin majör partiler olduğuna karar verebildiğimiz anda bir karşılaştırmaya daha sağlıklı olarak başlayabiliriz.

Türkiye'de, majör partilerin Adalet Partisi ve Cumhuriyet Halk Partisi olduğu 1961-1980 döneminin 1961-1964 yılları arasındaki hükümetin bir "Büyük Koalisyon" olduğunu söyleyebiliriz. Parti sisteminin bu hususta sağlıklı analizi mümkün kılmadığı bir diğer koalisyonlar çağı olan 1991-2002 arası dönemi atladıktan sonra 7 Haziran 2015 seçimleriyle birlikte, uzun zaman sonra yeniden bir koalisyon ihtimali belirdiğinde tıpkı Almanya'da olduğu gibi çeşitli kesimler tarafından büyük koalisyon talebi dile getirilmeye başlandı. Ancak şartlar yeteri kadar olgunlaşmadığı için zaten kendi özünde de uygulanabilirliği çok kolay olmayan bu senaryo rafa kalktı.

Almanya 2017 Bundestag seçimlerinin yine yüzde 5'lik ülke barajı eşliğinde, fakat bu sefer "Tek Bölge Formülasyonu" hesabıyla nasıl bir tablo ortaya çıkaracağını gösterelim.

Değerlendirmeyi Japonya örneğinde olduğu gibi birinci ve ikinci oyların ayrı ayrı tasnifi biçiminde yapmak en isabetli yöntemdir. Esasen bu tip seçim sistemlerindeki sonuçların "Tek Bölge Formülasyonu"na uyarlanması birincil ve ikincil oyların ayrımından, birincil oylamadaki adayların "tek isimli dar bölge" adayı olmaları, yani kişi kimliğinin öne çıkmasından ötürü biraz güçtür ve her türlü eleştiriye açıktır. Ancak ne olursa olsun, birincil oylardaki adayların da partili olduğu gerçeğinden hareket ederek bir tahlilde bulunmak ve bu amaçla iki farklı ortalama kullanmak daha yerinde olacaktır.

Birincil ve ikincil oylara göre iki farklı "Θ" değerleri belirleyip onu ölçü alarak dağılımı gerçekleştimeliyiz.

Geçerli birinci oyların toplamı 46.389.615 'tir.

Öyleyse, $\Theta_1 = $ 46.389.615 / 299 = 155.149
(ilk 299 sandalye için)

Geçerli ikinci oylar toplamı da bu değere yakın çıkmıştır : 46.515.492

Benzer şekilde , $\Theta_2 = $ 46.515.492 / 299 = 155.570
(ikinci 299 sandalye için)

Şimdi partilerin birincil ve ikincil değerlerini ilgili "Θ" değerlerine oranlayıp yuvarlayarak sandalye hesabını bitiriyoruz.

Aşağıdaki tablodan Tek Bölge Formülasyonunun Bundestag 2017 seçimleri için vereceği sonuçları toplu olarak görebiliriz.

Parti	Birinci oyu	/Θ_1	Yuvar lanma	İkinci oy	/Θ_2	Yuvar lanma	Toplam
CDU/CSU	17.286.238	111,42	113	15.317.344	98,46	101	**214**
SPD	11.429.231	73,67	75	9.539.381	61,32	64	**139**
FDP	3.249.238	20,94	22	4.999.449	32,14	35	**57**
DieLINKE	3.966.637	25,57	27	4.297.270	27,62	30	**57**
AfD	5.317.499	34,27	36	5.878.115	37,78	40	**76**
GRÜNE	3.717.922	23,96	26	4.158.400	26,73	29	**55**
			299			299	**598**

CDU/CSU 'nun 214 sandalye kazandığını ve bu sayının Bundestag'da %35,8 'e tekabül ettiğini görüyoruz. Birinci ve ikinci oyların ayrı ayrı hesaplanması birinci oylarda bariz üstünlük sağlamış bu partinin yararına olmuştur. Oysa, Almanya'daki seçim algoritması en son kertede "ikinci oylar"ı esas kabul ediyor ve son paylaşımı ona göre şekillendiriyordu; yani birincil oylarda büyük üstünlük sağlanmış bile olsa parti oyları ile bu fark diğer partilerin lehine dengeleniyordu. Son kalan sandalyelerin partilerin yüzdelik oranlarından bağımsız olarak eş paylaşılması da bir diğer etkendir. Ortaya çıkan sonuçların mukayesesi yapıldığında Almanya'daki sisteme nazaran daha iyi sonuçlar elde edildiği söylenemez nitekim İsrail seçimleri üzerinde yapılan analizde de bana benzer bir çıkarımda bulunmuştuk.

Özetle, ulusal baraj yükseldikçe "Tek Bölge Formülasyonu" nun da baraj dikkate alınarak uygulanması gerekmektedir. Buradaki hesaplamada, sadece baraj üstündeki oyların hesaba dahil edilmesi çok daha istenilen sonuçlar vermeye yetecektir.

İSTATİSTİKSEL VERİLER VE İNGİLTERE'DEKİ ÖRNEKLER EŞLİĞİNDE ALMANYA PARTİLERİNİN ANALİZİ

Almanya'da, tıpkı Birleşik Krallık'ta olduğu gibi siyasi iklime iki majör partinin hakim olduğunu fakat üçüncü, dördüncü, beşinci ve hatta altıncı partilerin de parti sistemi içerinde kalma mücadelesi verdiklerini görürüz. Birleşik Krallık genelindeki çoğunlukçu seçim sistemine rağmen son yıllarda Muhafazakar Parti ve İşçi Partisi dışındaki partilerin varlık göstermeye başladığını buna mukabil esas anlamda nispi temsili uygulayan Almanya'nın ancak %5' lik baraj kısıtı ile meclisinin olağanüstü çok parçalı olmasının önüne geçtiğini tespit edebiliyoruz.

Seçim matematikleri birbirinden farklı olan bu iki ülkenin, ilginç bir şekilde parti sistemleri açısından benzerlik taşıdığı söylenebilir. Bu bağlamda *İki buçuk parti* tezi, bize Liberal Parti'nin muadili olarak FDP'yi gösterir. Ancak yine de bu kanıya varmak için uzun periyotların gözlemlenmesi gerekir. Öte yandan, Alman solunun merkezi konumundaki SPD dışındaki iki önemli partisi Die

LINKE ve GRÜNE(Yeşiller)'in oy yüzdelerinin son yıllarda FDP'yi zorladığını, radikal sağ parti AfD'nin sürpriz bir yükselişle son seçimlerde üçüncü parti durumuna gelişini de göz önünde bulundurmak zorundayız. AfD'nin önümüzdeki dönemlerde nasıl bir performans göstereceğini bugünden kestiremeyiz. Daha çok "yabancılar politikası" üzerinden yapılan çıkışlarla dikkat toplayan aşırı korumacı hassasiyetlere sahip yeni akımların, Avrupa genelinde güç kazandığı içinde bulunduğumuz son dönemde söz konusu bu partinin özel bir değerlendirmeye tabi tutulması daha yerinde olacaktır.

Bu nedenlerle AfD'nin gelişimini şimdilik göz ardı ediyoruz ve siyasi iklimin tali yön vericileri olan FDP, Yeşiller ve Die LINKE 'nin 1990'daki birleşme sonrası gösterdikleri seçim performanslarını değerlendiriyoruz.

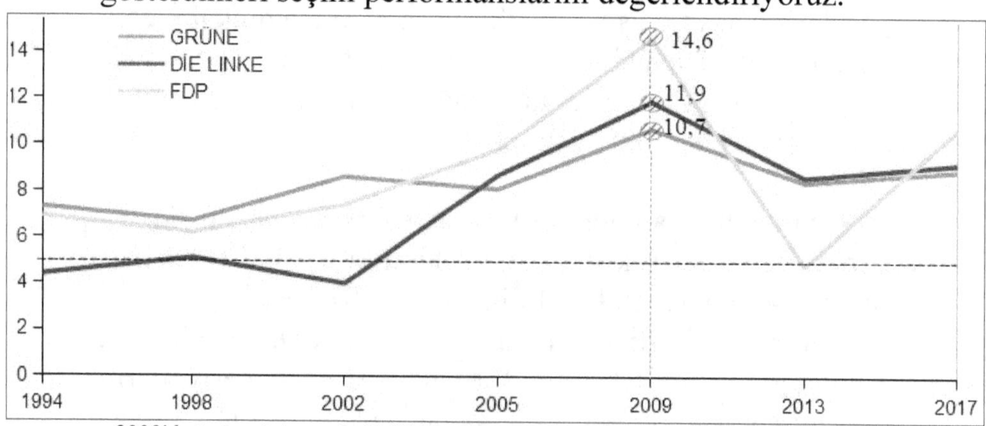

2009'da üç partinin yüzde 37,2'lik toplam oyu hem CDU/CSU'nun hem de SPD'nin üzerindedir.

FDP'nin, 2013'de 4,8'lik şok bir sonuçla baraj altı kalmasının dışında genel olarak yüzde 7 ve üzerinde bir oyu bulunuyor. Normal durumlarda yüzde 10-12 bandında bir potansiyeli var ve bu seviyeleri koruduğu tüm dönemlerde iktidar ortağı olmaya en yakın partidir.

Bu grafikten de anlaşılacağı üzere en istikrarlı yükseliş Yeşiller Partisi'ne aittir. Son birkaç seçim döneminde parti yüzde 8,5-10,5 bandında tutunmayı başarmıştır. Die LINKE ise önceleri sadece Berlin'deki üç seçim çevresini kazanarak barajı atlayıp, sandalye kazanabiliyorken 2007' deki yapılanmayla birlikte (PDS ve WASG birleştiler) yüzde 8,5-10 aralığına yerleşmiş ve o seviyeyi muhafaza edebilmişlerdir.

Üç partinin oy oranları toplamının yüzde 37,2 olduğu 2009 seçimleri ile partilerden en az birisinin baraja takıldığı 2002 ve 2013 seçimleri üzerinde durmak ve bir parantez açmak gerekir. Bu partilerin üçünün de ciddi oranlarda artış kaydederek toplamda en büyük payı elde etmeleri ülkedeki parti sistemi adına tercih edilir bir gelişme değildir. Neticede bu partilerden FDP'nin CDU ile SPD'nin ise Yeşiller ile yer değiştirmesi ihtimali yoktur. Almanya'daki majör partilerin pek de uzun sayılmayacak tarihine bir göz attığımızda böyle kanıya varabiliriz. Daha doğrusu, genel tablo nazarında mevcut ideolojik konumlanmaların uzunca bir süre değişmeyecekmiş gibi bir dengeye oturduğunu ve bu yüzden Birleşik Krallık'ta yaşanan türden bir değişimin henüz mümkün olmadığını tespit etmeliyiz.

Birleşik Krallık'ta, oldukça kadim bir tarihe sahip parlamentoda, iki yüzyılı aşkın süredir baş aktör olmuş bir siyasi hareket; savaşların, krizlerin ve skandalların yıprattığı parti kısa süre içerisinde sistemden düşmüş ve oradaki boşluk daha sol eğilimli yeni bir parti tarafından doldurulmuştu.Westminster demokrasisindeki bu oldukça sarsıcı değişimin nedenleri üzerinde uzun uzadıya düşünmeden, sadece yüzeysel bir değerlendirme ile bile dış etkinin payından bahsedilebilir. Almanya'da da bu türden köklü bir değişim ancak dış faktörlerin içeriyi baskılamasıyla mümkün olabilir.

Almanya'nın "Büyük Avrupa" vizyonuna paralel olarak "yabancılar" politikasının iç siyasette bazı kesimlerce/ partilerce olumlu veya olumsuz karşılık bulması, iktisadi krizlerin ve küresel resesyon dönemlerinin hem Avrupa Birliği'ni hem de Almanya'yı doğrudan etkilemesi sonucu yine bunun iç siyasette daha agresif çıkışlara neden olması (ve her zaman olmaya da devam edeceği) az da olsa böyle bir olasılığı gündemde tutabilir. Fakat, tüm bu sayılan faktörlerin bileşkesinde dahi bugün için herhangi bir değişim beklemek oldukça zordur.

Tipik parlamentocu modellerde ender görülen "Büyük Koalisyon" olgusunun bu ülkede görülüyor olması da parti sistemini koruyan, hegemonyanın iki parti arasında sürmesini sağlayan ayrıca bir etken olarak kabul edilebilir. CDU/CSU ve SPD, koalisyonlarını takip eden seçimlerde oy kayıpları yaşasalarda bu dalgalanmalar Alman parti sisteminde kalıcı değişimler yapmaz.

Esasen en istenilen senaryo, 2002 ve 2013'de olduğu partilerden birisinin baraj yoluyla elenmesi ve kalan iki partiden birisinin uygun parti ile koalisyona yetecek kadar sandalyeye sahip olmasıdır. Burada en uçtaki ve dolayısıyla elenmesi istenilen partiler Die LINKE ve AfD 'dir. Bu iki partinin sadece Bundestag'a girebilecek kadar bir güce sahip olması, öte yandan FDP ile Yeşiller'in bu ikisi ile arayı açarak koalisyona girebilecek temsil gücünü yakalamaları genel sistemin dengesi açısından yeğlenebilir sonuçlar kümesidir.

Daha soldaki Die LINKE'nin 2005'den itibaren Yeşiller'i geçmesi, aşırı sağcı AfD'nin sürpriz yaparak üçüncü parti konumuna erişmesi hiç de tercih edilmeyen hatta genel sistem adına tehdit olarak nitelenebilecek ama sonuçta ne olursa olsun halkın tercihi olarak gerçekleşmiş bir durumdur.

MUTLU YILMAZ

LATİN AMERİKA'DA HALA UMUT VAR: BREZİLYA'NIN TERCİHLERİ

Hükümet sistemi yönünden Amerika Birleşik Devletleri ile, olağanüstü derecede çok partili olması yönünden ise Hindistan ile benzerlikler taşıyan Brezilya'da, demokratik rejim verilen yoğun çabanın bir eseri olarak son otuz yıl içerisinde istikrarlı bir görünüm sergilemektedir.

1889 yılında cumhuriyetini ilan eden Brezilya, bugün birisi federal başkent olmak üzere toplam 27 idari birimden oluşan bir federasyondur. Güney Amerika ülkerindeki tipik iktidar yapıları ve "Başkanlık cumhuriyeti" olgusu burada da görülmektedir. Parlamenter sistem 1960'lı yıllarda gündeme gelmiş ve kısa bir süreliğine denenmiş olsa da, Brezilya demokrasisinde tutunamamış, hatta daha açık belirtmek gerekirse Brezilya siyasi yaşamında bir alışkanlık ya da gelenek halini kazanamamıştır.

Sonuçta başkanlık sistemiyle idare edilen ***Brezilya Federal Cumhuriyeti***'nin yürütme organı bir başkanın liderliğindeki kabineden müteşekkildir; fakat yine de bunun ABD'deki yapıyla bire bir örtüştüğünü söylemek bir hayli güçtür. Başkanlık ve parlamento seçimlerinin aynı gün yapılıyor olması, başkan ve başkan yardımcısı adaylarının seçim kampanyasını beraberce yürütüyor olmaları, yasama ve yürütme arasındaki net ayrım Brezilya'yı ABD ile aynı yapmaya yetmiyor. Buradaki farklılık, Brezilya'nın olağanüstü derecedeki çok partili siyaset düzleminden kaynaklanmaktadır.

2017 yılı sonu itibariyle Brezilya parlamentosunda (*Congresso Nacional do Brasil*) irili ufaklı yirmi sekiz parti yer alıyor. Parlamentocu bir rejim söz konusu olduğunda, koalisyon olgusu siyasetçiler ve halk tarafından içselleştirilmişse partilerin çokluğu herhangi bir sorun teşkil etmiyordu. Başkanlık esaslı rejimlerde ise koalisyon kavramı esasen yabancı bir kavramdır; zira buralarda çoğunlukçu seçim sistemlerinin etkisiyle parti sistemi "ikili" yapıya zorlanır. Ancak Brezilya'da böyle bir yapı da gözlenmez; buna karşın, parlamentonun Hindistan'daki gibi çok sayıda partiden oluşmasının başkanlık seçimleri üzerinde bir etkisi vardır. *"Başkanlık sistemi uyarınca hükümet, tamamen parlamentodan izole bir kabine formatında tezahür eder"* minvalindeki ezberimiz işte burada bizi yanıltacaktır. O açıdan sekiz dokuz partili koalisyonların görüldüğü Hindistan'daki tablo iyi örnek teşkil eder ve farklı bir tonuyla Brezilya için de geçerlidir.

Özünde, Başkanlık Hükümeti sistemine sahip olan Brezilya'daki "koalisyon olgusu"nun tipik parlamentocu rejimlerdeki koalisyon olgusuyla taşıdığı benzerlikler, Brezilya'yı bu iki sistemin arasında bir yerde tutar. Ülkedeki parlamento seçimlerinin nasıl yapıldığına bakmak da önemlidir. 81 üyeli senatonun 1/3 yenileme seçimlerinde her eyaletten bir kişi seçiliyor, dolayısıyla basit çoğunluk yeterli olabiliyor, 2/3 yenileme seçimlerinde ise iki aday seçimi için çoğunluk (blok oylama) aranıyor. 513 üyeli temsilciler meclisinde açık listeli nispi temsil sistemi geçerli.

Brezilya'da görülen bu çok partili ortam sadece mevcut seçim sistemine bağlanamaz; ancak partilerin nasıl oluştuğunu bilmek bu konuda daha iyi bir fikir verebilir.

Ülkenin başat iki partisinden soldaki İşçi partisi (*Partido dos Trabalhadores* kısaca **PT**) ve merkezde konumlanmış liberal eğilimli Brezilya Sosyal Demokrasi Partisi (*Partido da Social Democracia Brasileira* kısaca **PSDB***)* yıllardan beridir karşılıklı rekabet halindedirler. Her ikiside 1964-1985 yılları arasında Brezilya'ya hakim olan askeri rejime karşı mücadele vermiş ve demokrasinin yeniden tesisinde büyük pay sahibi olmuşlardır. İktidar mücadelesi esasında bu iki parti arasında geçer; seçimlerden sonra ya PT ya da PSDB hükümet olmuş demektir. İki parti arasında birbirleriyle koalisyon yapmamak yönünde de zımni bir protokol oluşmuş durumdadır.

Ne var ki, bu iki majör partinin oy oranları diğer ülkelerdeki majör partilerle karşılaştırıldığında oldukça mütevazi oranlardır. PT'nin yüzde 13,93 ve PSDB'nin yüzde

11,38 oranlarında oy aldığı temsilciler meclisi seçimlerinde diğer yirmi altı partinin payına düşen oran yüzde 70'in üzerindedir. Bu kadar parçalı bir parti sisteminin olduğu yerde hükümet oluşumunda, adayı başkan seçilen/seçilecek partinin diğer bazı partilerle ittifak halinde olması gayet anlaşılır bir durumdur.

5 Ekim 2014 Pazar günü yapılan genel seçimlerde adayı %51,64'le ikinci turda başkan seçilen PT, kendisinden başka sekiz partiyi içine alacak şekilde bir "hükümet koalisyonu" oluşturmuştur. Doğal olarak kabinede de bu sekiz partiden bakanlar ve sekreterlikler bulunur. PSDB ise dokuz partili ana muhalefet blokunun başına geçmiştir.

Başkanlığı kazanan partinin hükümet ortağı diğer partilerle birlikte parlamento çoğunluğunu sağlaması önemliydi ki, bu gerçekleşti... Hükümet bloku senatoda 15, temsilciler meclisinde ise 303 sandalye kazandı. Burada daha dikkat çeken detay, hükümet blokundaki ideolojik renklilik. Dokuz partili bu ittifakta merkez sağdan milliyetçi eğilimli partilere, *catch-all* olarak nitelenebilecek partiden marksist-leninist ideolojideki partilere kadar çok geniş bir çatı oluşmuştur.

İlk turda çeşitli partilerden on bir adayın yarıştığı başkanlık seçiminin ikinci turunda PT'nin adayı Dilma Rousseff tüm ittifak adına yeniden başkan seçildi ve böylece ittifak hem yürütmeye hem de yasamaya hakim oldu.

Ancak daha sonra Başkan Rousseff'in görevden el çektirilmesiyle birlikte iktidarın içeriğinde de bir değişim yaşandı. PT'nin yanı sıra ittifakın sol kanadında yer alan PDT ve PCdoB muhalefet pozisyonu aldılar.

İki partili yapının olduğu başkanlıklı sistemlerde yaşanması mümkün olmayan bu olay, parlamentarist özellikler gösteren Brezilya demokrasisinde yaşanmıştır.

Nominee	Dilma Rousseff	Aécio Neves
Party	PT	PSDB
Alliance	With the Strength of the People	Change Brazil
Home state	Minas Gerais	Minas Gerais
Running mate	Michel Temer	Aloysio Nunes
States carried	15	11+DF
Popular vote	54,501,119	51,041,155
Percentage	51.64%	48.36%

Rousseff : %51,64 -Neves: %48,36

İki partili yapının olduğu ABD'de; azil, istifa veya ölüm gibi nedenlerle başkanlık koltuğunun boşalması durumunda başkan yardımcısı makamı devralıyordu ve halef-selef başkanlar aynı partiden oldukları için görünürde kayda değer herhangi bir değişim gözlenmiyordu. Brezilya'da Dilma Rousseff'in yerine göreve gelen eski başkan yardımcısı Michel Temer ise Rousseff'le ayrı partilerden ve bu farklılık yaşanan olağanüstü durumun ardından iktidar içi değişimi de beraberinde getirmiştir.

Brezilya tipi başkanlık sistemi olarak tarif edilebilecek bu sistemde, kabine de bir koalisyon kabinesi formatındadır. Yirmi yedi kişilik kabineye ittifakın hemen her partisi bir veya daha fazla sayıda bakanla destek verir. Rousseff'in görevden azli üzerine sol partiler hükümetten ayrılınca oluşan boşluk diğer partilerden ve koalisyona yeni katılan partilerden bakanlarla dolduruldu.

Çok partili yapısı ve <u>çoğunlukçu olmayan</u> seçim sistemiyle Türkiye'deki yeni hükümet sisteminin ABD' deki modele değil, Brezilya'daki modele benzemesi daha yüksek bir olasılıktır. Öncelikle, iki majör partinin dışındaki partiler yüksek baraja rağmen varlıklarını korumaktalar ve bu hususta herhangi bir değişiklik beklenmiyor. Öte yandan, TBMM seçimleri için çevre daraltması ve çoğunlukçu sisteme geçiş gibi bir hazırlık da henüz başlatılmadı. Oysa seçim sistemi üzerinde yapılabilecek bir değişiklik dengeleri bozabilir, en azından zorlar fakat bunun da bir garantisi yoktur.

Şayet bir düzenleme veya yeniden parlamenter sisteme dönüş yönünde bir değişiklik yapılmazsa, ileriki dönemlerde Türkiye için yapılacak yorumlarda Brezilya sıklıkla gündeme gelecek ve oradaki örneklerden hareketle bazı çıkarımlar yapılabilecektir. Sistem birkaç dönem içerisinde yerleşik hale gelir ve Brezilya modelindeki gibi bir gelişim sergilerse, bu ayrıca parlamenter demokrasinin *de facto* olarak halen geçerli olduğunu kanıtlamaya yetecektir.

PARLAMENTO SEÇİMLERİ ÜZERİNDEN DEMOKRASİ PUANLAMASI

Farklı kıtalarda, farklı tarihi serüvenlere sahip demokratik rejimlerin karnelerinin hazırlanmasında seçimler, öncesi ve sonrasıyla hatrı sayılır bir öneme sahiptir. Elbette seçim sandıkları, demokrasiyi tanımlayan cümlenin olmazsa olmaz bir öğesidir; ancak bunun hangi usuller çerçevesinde var olduğu asıl konudur.

Demokrasinin tüm kurumlarıyla var olduğu iddia edilen yerlerde dahi parlamento seçimlerinin organizasyonları ve seçim matematiği konularında bazı eksiklikler bulunmaktadır. Söz konusu eksiklikler ülkenin gelişmişlik düzeyi ile bir paralellik göstermeyebilir; fakat yine de, temsili demokrasilerde hiç olmaması gereken ve aslında vatandaşlık hakkını doğrudan zedeleyen bir takım kuralların varlığı ciddi bir zaafiyet olmakla beraber izaha muhtaç bir durumdur.

Ülkelerin parlamento yapısının tekli mi yoksa çift meclisli mi olduğunun bu değerlendirmede bir önemi yoktur. Çünkü bazı parlamentoların üst meclislerindeki üyeler atama yoluyla göreve gelen aristokratlar ve ruhban sınıfı üyelerinden ibarettir. Halk meclisleri ise halkın doğrudan oylarıyla seçilen ve günümüzde asıl yasama gücünü elinde bulunduran meclislerdir.

Zaman gösteriyor ki, bu meclisler ileride daha güçlenerek üst kamarayı ya tasfiye edecek ya da onu tamamen sembolik bir pozisyona itecektir. Başkanlık sisteminin olmadığı ülkelerde kabine de yine "Halk Meclisi" üyeleri tarafından oluşturulur ve ona karşı sorumludur.

Başkanlık modelli cumhuriyet, parlamenter demokratik cumhuriyet veya parlamenter monarşi (meşrutiyet); bunların şekli ayrıntılarını bugün için bir kenara koyalım ve esas değerlendirmeyi, demokratik aracın nitelik ölçümünü yapalım.

Serbest seçimlerin yapıldığı on ülkenin meclis seçimlerinde dört niteliksel ölçüm yoluyla ve en sonunda 2015 yılı *insani gelişmişlik endeksini(İGE)* tamamlayıcı çarpan olarak demokratik seçim skalası ortaya çıkarıyoruz.

Dört niteliksel ölçümdeki kriterler; seçim barajı(B), temsil puanlaması(T), meclisin ortalama ömrü(M) ve seçimlere katılım oranıdır(K).

Seçim barajının olmadığı ülkelerin ilgili çarpanı 1 'dir, baraj yükseldikçe bu sayı azalır. Meclis ömrü son dört dönemin ortalaması şeklinde alınır. Katılım oranı ise olduğu gibi değerlendirmeye katılır.

Temsil puanlaması ise birkaç kategoridedir. Mesela çoğunlukçu seçim sisteminin uygulandığı yerlerde bu katsayı en düşük olan 0,6 iken, nispi temsilin uygulandığı yerlerde 1'e yaklaşmaktadır.

Tam olarak puanlama şöyledir:

Dar bölgeli çoğunluk (FPTP)	:	0,55 - 0,65
Karma usül	:	0,65 - 0,75
Nispi usül	:	0,75 - 1

Karne Puanı = (B)x(T)x(M)x(K)

Son olarak İnsani Gelişmişlik Endeksinin puanlarından yararlanıyoruz. Endeks burada seçim değerlendirmelerinin dışında tamamlayıcı bir faktör olarak düşünülmelidir. 2015 yılı endeksinin başında 0,949 ile Norveç bulunurken son sırada 0,352 ile Orta Afrika Cumhuriyeti yer alıyor. Ortalama yaşam süresi, Okur-yazar oranı, okul kayıtlarının yüzdelerinin yanı sıra kişi başına düşen geliri ve alım gücünü kıstas kabul etmesi sebebiyle dünya çapında birçok alanda yararlanılan önemli bir göstergedir.

Metodolojiyi daha iyi açıklayabilmek adına bir örnek verelim.

Amerika Birleşik Devletleri'nde delegelerin aşmak zorunda oldukları yüzdelik bir baraj olmadığı için baraj katsayısı olarak 1 alınır.

$$B = 1$$

Son dört dönem için ABD Kongresi'nin ortalama görev süresi 4 yıl olduğundan "Meclis ömrü" katsayısı;

$$M = 4/4 = 1$$

Seçimlere katılım oranı istatistiğini hesaplamak için yine aynı şekilde son dört dönemin katılım yüzdelerinin aritmetik ortalamasına bakılır ;

$$\%55,7 \quad ; \quad \%54,9 \quad ; \quad \%58,2 \quad ; \quad \%56,7$$
(2016)   *(2012)*   *(2008)*   *(2004)*

$$K = 0,564$$

Ve son olarak seçim sisteminin hangi sayım usulüyle yapıldığına bakarak temsil puanlamasını yapıyoruz :

Dar bölgeli çoğunluk usulü burada "tek isimli" olarak değil, liste usulü yapılıyor. Bölgede oyların çoğunluğunu alan alan parti tüm sandalyeleri alıyor ve bu İngiltere'dekinden daha geride bir usuldür.

$$T = 0,55$$

ABD için (İGE dışı) seçim karnesi =

$$1x1x(0,564)x(0,55) = 0,31$$

On ülke için bu metodla elde edilebilecek seçim-temsil skalası aşağıdaki gibidir.

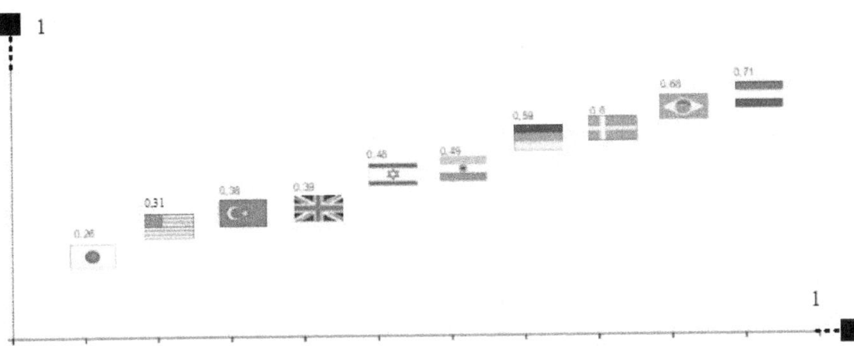

Skalanın en sağında 0,71 puanla Hollanda yer alıyor. Türkiye ise 0,38 ile Birleşik Krallık'a yakın bir konumda.

İnsani Gelişmişlik Endeksi katsayılarını son çarpan olarak karneye dahil ederek parlamento seçimleri bazlı, genel temsil karnesinin ortaya çıkarabiliriz. IGE katkısıyla genişletilen bu karne sayesinde ülkelerin seçimlerdeki genel nitelik seviyeleri hakkında bir fikir sahibi olunabilir.[11]

---

11) The Economist Newspaper tarafından açıklanan "Demokrasi İndeksi" de dikkate alınabilir; ancak o endekste işlenen verilerin objektifliği hususunda İGE'de olduğu kadar güvence sağlanamaz.

	IGE Dışı	IGE*(2015)*	Seçim Notu
1- Hollanda	**0,71**	0,924	0,656
2- Danimarka	**0,60**	0,925	0,556
3- Almanya	**0,59**	0,926	0,546
4- Brezilya	**0,68**	0,754	0,513
5- İsrail	**0,48**	0,899	0,431
6- Birleşik Krallık	**0,39**	0,91	0,355
7- Hindistan	**0,49**	0,624	0,306
8-Türkiye	**0,38**	0,767	0,291
9-ABD	**0,31**	0,92	0,285
10-Japonya	**0,26**	0,903	0,235

IV.BÖLÜM

TERCİHLERİN GETİRDİĞİ TUHAFLIKLAR NASIL DEĞERLENDİRİLMELİDİR?

SEÇİM MATEMATİĞİNİN KAFALARI KARIŞTIRDIĞI ANLAR

Toplumu oluşturan bireylere genel bir soru sorulduğu zaman birey, ait olduğu toplum adına doğru olduğunu düşündüğü seçeneğe yönelir. Soru basit bir plebisit olabileceği gibi çoktan seçmeli bir sınava benzeyen, bazen çok daha karmaşık bir mahiyette tasarlanmış bir parlamento seçimi de olabilir.

İnsanoğlunun karmaşık ruh hali, bencil doğası burada daha başka bir özellik gösterir. Özelde kendisini genelde tüm toplumu ilgilendiren bir soru karşısında insan, ticarette olduğu gibi kendi şahsi çıkarlarını herşeyin önünde tutan maksimist bir yaklaşım içerisinde olmaz. En azından inandığı bir "doğru" nun ait olduğu toplumun da çıkarına olacağını düşünür. Bazı kimseler içinse "doğru" bir saplantı haline dönüşmüştür ve birey bunun farkında değildir; ancak yine de tercihinin iyi taraflarını ön plana çıkarmaya yatkındır.

Düşünceler ne olursa olsun değerlidir. Hiç kimse tercihinin sadece kendisi için geçerli olduğunu ve genel iyiyi amaçlamadığını iddia edemez. Bunun tersi durumlarda bile niyet açıktan dile getirilmez. Tepki oyları ya da sandık boykotu gibi haller istisnaidir; ancak böyle zamanlarda da yine genel iyi, genel çıkar ama bu sefer gelecek için temenni edilmiş demektir. Vatandaş bireylerin bir kısmı tepkisel bir çıkışla sisteme uyarıda bulunmuştur; fakat bu vatandaşların sayısı dengeleri etkileyecek bir çokluğa ulaştığında toplum bilimciler buna "Halk tercihini yaptı" veya "Seçmenin tercihi" gibi bir zihinsel kodlama yaparlar. Bu yüzeysel kodlamanın mantığı sorgulanmalıdır; zira bilinç altımızda bizi kendisine uymaya zorlayan "çoğunlukçu" düşünce kalıbı burada da ortaya çıkar ve sonuçları tek boyutta yorumlattırır. Seçimleri basit bir ölçme-değerlendirme den ziyade bir çeşit iletişim kanalı olarak düşündüğümüzde, bildirimde bulunanlar ile bunun çözümlemesini yapanların aslında birbiriyle tam olarak örtüşmeyen içerikteki mesajlar ortaya çıkardığı da görülebilecektir.

EN DEMOKRATİK ARİTMETİK

Çok büyük yanılgılara neden olmadığı müddetçe bunlar ayrıntıda gizli kalacak ve ileriki dönemlerde partiler ve düşünce kulüpleri adına ciddi sorunlar teşkil etmeyecektir. Daha bilimsel çıkarımlarda bulunmak, ideolojik temellerini somut yeniliklerle güçlendirmek isteyen ve bu minvalde partisini ileriye taşımak isteyenler ise daima ayrıntılar üzerinde çalışmalıdırlar.

Peki bütün bunlar bir yana seçmen kendi tercihinin aleyhine işlediğini gördüğünde ne olur?

Siyasi figürlerin, gerçek kişilerin ortaya çıkardığı hayal kırıklığından değil tam olarak "olsun" dediğiniz bir şeyin sizin varlığınızdan dolayı, sandığa gitmeniz sebebiyle "olmasın" formuna dönüştüğü bir parodiden söz açmak istiyorum.

Belki de matematik lisanında bir şakaya maruz kalıyorsunuzdur. Sonuçta istemediğiniz bir hükmün sizin irade koymanıza rağmen ve dahası sizin yüzünüzden verilmiş olması mantıksızlığıyla karşı karşıyasınızdır.

Ne yapmalıydınız o halde?

Böyle olacağını bilseydiniz sandığa gitmezdiniz hiç olmazsa. Sanığa gitmeyerek istediğiniz daha iyi bir neticeyi elde edebilirdiniz ama yine de içiniz el vermedi, gittiniz ve başınıza böyle bir şey geldi. Ertesi gün sonuçları detaylıca incelemekten keyif alan birisiyseniz bu çarpıklığı tespit edebilme şansınız var ama böyle bir keşif kendinizi daha da kötü hissettirmekten başka bir işe yaramayacaktır. İnsanlar tercihlerinin değerli olduğuna ve o tercihin tüm toplum adına bir değer olduğuna, daha iyiye bir kapı açacağına inanırlar; ve doğru olan yaklaşım da budur.

Doğru yaklaşım böyle iken tam tersi bir değerlendirme ile bunu yok etmek neyin mantığıdır? Bir konuda bir fikir beyanında bulunduğunuzda bunun <u>ters katkı</u> sağlaması sizde nasıl bir his uyandırır acaba?

Bu kötü hissi uyandıracak bazı yaşanmışlıklar da yok değil. Almanya'daki 2002 yılı seçimlerinde ve Slovakya' daki referandumda ortaya çıkan bu tip tersliklerin kritiğini yapmak konumuz için iyi bir fırsattır.

Almanya Federal Meclisi (Bundestag) 2002 seçimlerinde SPD, ülke genelinde aldığı 18.488.668 oya karşılık 251 sandalye kazanmıştı. O yıl, 596 sandalye üzerinden yapılan dağılım hesabına göre partilerin aldıkları oy miktarı ve sandalye sayıları şöyle idi:

		$/\Theta$		*sandalye*
SPD :	18.488.668	246,95	------>	247	(Θ = 74.866,57)
CDU:	14.167.561	189,24	------>	189
CSU:	4.315.080	57,64	------>	58
Yeşiller:	4.110.355	54,90	------>	55
FDP :	3.538.815	47,27	------->	47

Toplam : 44.620.479

Almanya'daki oylama sistemine göre seçmen bugünkü gibi "iki" oy kullanıyordu ve 2002 seçimlerinde SPD'nin birinci oyları neticesinde 4 fazlalık sandalye (überhangmandat) oluşmuştu. Sonuç olarak SPD 251 sandalye kazanmış oluyordu.

Bu sonuçlara bir senaryo yazalım. SPD'nin **Brandenburg** Eyaletinde 50.000 oy kaybettiğini, yani 50.000 seçmeninin sandığa gitmediğini varsayalım. SPD'nin milletvekili sayısı ne olurdu?

Aslında böyle bir şey olsaydı bütün aritmetik değişecekti. Öncelikle seçim sabiti(Θ) biraz kayacaktı, belki de diğer partilerin lehine bazı değişimler olacaktı ama olmadı. "Θ" için küçük bir değişim oldu ve bu küçük değişimin neler getireceğini ilk başta anlayamıyoruz.

50.000'lik oy kaybı ile sonuçları yeniden yazdığımızda halen bir değişiklik gözlenmiyor. Brandenburg'da SPD'nin ikinci oylarda 50.000 daha az oy almasına rağmen partinin Almanya genelindeki sandalye sayısında şimdilik bir fark oluşmamış gibidir.

		$/\Theta$		*sandalye*
SPD	:	*18.438.668*	*246,56*	-------> *247*
CDU	:	*14.167.561*	*189,45*	-------> *189*
CSU	:	*4.315.080*	*57,70*	-------> *58*
Yeşiller:		*4.110.355*	*54,96*	-------> *55*
FDP	:	*3.538.815*	*47,3*	-------> *47*

$(\Theta_s = 74.782,68)$

Toplam : *44.570.479*

Listelerdeki genel toplam 247 olsa da, eyaletler bazındaki sandalye dağılımda bir takım değişiklikler gözlenebilir. Eyaletlerin oy dökümlerine baktığımızda bir sandalyenin Brandenburg ve Bremen arasında gelip gittiğini görebiliriz.

Eyaletler	Oy miktarı	$/\Theta$	H-Nimeyer yuv	(-50000) oy	$/\Theta_s$	H-Niemeyer yuv
Brandenburg	707.871	9,46	10	657.871	8,81	9
Bremen	183.368	2,45	2	183.368	2,46	3

O yıllarda sandalye dağılımı için **Sainte-Laguë/ Schepers** yerine **Hare-Niemeyer** kotası kullanılıyordu ve bunun kullanımı da oldukça basitti. Ondalıklı kısmı en büyük olan eyaletin sandalye sayısı bir üst tamsayıya yuvarlanıyor ve istenilen toplam elde ediliyordu. İlk durumda diğer eyaletlerden ziyade Brandenburg ve Bremen birbirlerine yakındı ve en büyük artığa göre Brandenburg, 10 sayısına ulaşmıştı. Brandenburg'da 50.000 oyun kaybedildiği senaryoda ise partinin eyalet listesinden kazandığı sayı 1 eksilerek 9'a düşüyor. Genel toplamın 247'yi bulabilmesi için bu eksik sandalyenin bir başka eyaletten telafi edilmesi gerekiyordu ve bu eyalet, en yüksek ondalıklı değere sahip Bremen. Böylece Brandenburg'a 9, Bremen'e 3 sandalye yazılıyor.

Birincil oyların değerlendirmeye girdiği son aşamada bu değişim daha bir anlam kazanıyor. Bilinmektedir ki, Almanya'da birincil oylarla seçilen vekillerin yeri her zaman garantilidir; ancak bir partinin bir eyaletten ne kadar sandalye kazanabildiği, birincil ve ikincil oy sonuçlarına göre ayrı ayrı yazılır ve neticede bu iki sayıdan en büyük olanı, partinin o eyaletten kazandığı toplam sandalye sayısını verir.

Diğer on dört eyalette herhangi bir değişimin olmadığını ve SPD için yarışın Brandenburg-Bremen arasında olduğunu görmüştük. O halde, bu iki eyaletteki birincil ve ikincil oy sonuçlarına göre oluşan sandalye dağılımını yazalım.

Eyalet	İlk senaryo (gerçekleşen durum)			-50.000 oy senaryosu		
	Birinci oyla seçilen	Parti oyuyla seçilen	Sandalye sayısı	Birinci oyla seçilen	Parti oyuyla seçilen	Sandalye sayısı
Brandenburg	10	10	**10**	10	9	**10**
Bremen	2	2	**2**	2	3	**3**
			12			**13**

Partinin 50.000 oy kaybettiği senaryoda, Brandenburg eyaletinde 1 sandalyelik fazlalık (*überhangmandat*) oluşuyor. Gerçek sonuçlara göre ülke genelinde dört fazlalık varken eyaletteki -50.000 lik kayıpta bu sayı beşe çıkıyor. Birincil oyla seçilenler doğrudan meclise gittikleri için Brandenburg'da SPD için bu sayı ne olursa olsun zaten 10'un altına düşmeyecekti. Fakat burada parti oyuyla 9 olan sayının, genel toplamın 247'ye tamamlanabilmesi amacıyla SPD için ikinci en iyi eyalet olan Bremen'deki liste sonucunu 2'den 3'e çıkarttığı ve bunun da Bremen'de SPD adına fazladan bir sandalye anlamına geldiği açıkça görülmektedir. SPD bu iki eyaletten ilk durumda 12 sandalye kazanabiliyorken, Brandenburg'daki 50.000 oy

kaybı ile bu sayı 13'e yükseliyor. Ve Bundestag'da 251 yerine 252 SPD'li vekil oluyor.

Bu absürd durum karşısında Brandenburg'daki 707.871 partili seçmenin hiç birisi suçlu değildir. Nitekim, vatandaşların seçim hakkına aykırı olduğu ve anayasal zeminde ters durduğu gerekçesiyle 2008'de öngörülen ancak 2013' de uygulanmaya başlayan yeni algoritmayla birlikte ileride yeniden yaşanabilecek bu türden çarpıklıklar önlenmeye çalışılmıştır. Literatürde **Negatif ağırlıklı oy** (*Negatives Stimmgewicht*) olarak tanıtılan bu olumsuzluk, hayatın genel akışına uymayan ve seçim sisteminin kendisini çelişkiye sokan enteresan bir durumdur.

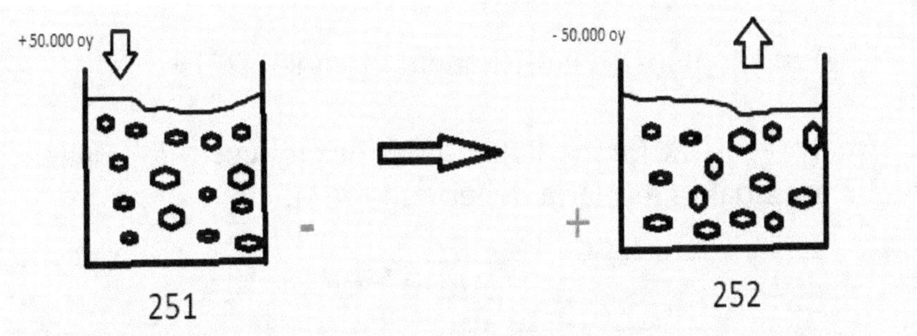

Öylesine bir denge ki, oylar arttıkça sandalye sayısı azalıyor; oylar azaldıkça sandalye sayısı artıyor. Önceki dönemlerde Bundestag seçimlerinde karşılaşılan oldukça tuhaf bir şekildi. 2002 yılında Brandenburg'da olan (olabilecek olan) tam da buydu.

MUTLU YILMAZ

Önceki dönemlerde bazı partilerin bu çelişkiden faydanlama yoluna gitmeleri, bir risk alarak bazı eyaletlerdeki parti oylarını (ikinci oylar) diğer partilere yönlendirerek ek kazanç elde etmeleri mümkün olabiliyordu. Ancak, sandalye dağılımınının hesaplandığı formülasyonun değişmesi ve oy oranlarına göre durumu dengelemek için ek sandalyelerin dağıtılması bu sorunu ortadan kaldırmıştır.

Parti listeli nispi temsil sisteminde yanlış kota kullanımının ve ondalık yuvarlama yapmamanın başa ne tür işler açabileceğini Slovakya'dan iki farklı örnekle gösterelim.

Kota olarak Hagenbach-Bischoff'un aşağıdaki gibi bir çeşitlemesi seçelim.

$$\Theta = [\text{Toplam Oylar} / (\text{Sandalye sayısı} + 1)] + 0{,}5$$

Ve 150 kişilik bir parlamentoda oluşabilecek iki senaryoyu aşağıdaki tablolarla değerlendirelim.

	v_i	$q_i = v_i/Q$	$[q_i]$	Remainder (r_i)	Additional seat	Σm_i
A	683 622	76.0002	76	0.0002		76
B	269 844	29.9993	29	0.9993		29
C	162 000	18.0100	18	0.0100		18
D	89 945	9.9994	9	0.9994	1	10
E	80 950	8.9994	8	0.9994	1	9
F	71 959	7.9998	7	0.9998	1	8
Total	1 358 320	Q = 8 995	147		3	150

Tablo1

224

Toplam parti oyları 1.358.320'dir. Buna göre seçim kotasını hesapladığımızda,

$$\Theta = [1358320/151]+0,5 = 8995,4966$$

bulunur.

Yuvarlama yapılmaz ve tam kısım kota olarak kullanılır.

$$(\Theta=8.995)$$

A partisinin aldığı 683.622 oy bu sayıya oranladığında sonuç 76 bulunur ve bu matematikle A partisi tek başına iktidar olur.

Aynı sistemde partinin bir oy daha aldığını var sayalım. Bu durumda sadece A partisi değil genel toplam da artacaktır. Bu artış Θ'yı değiştirebilir.

i	v_i	$q_i = v_i/Q$	$[q_i]$	Remainder (r_i)	Additional seat	$\sum m_i$
A	683 623	75.9918	75	0.9918		75
B	269 844	29.9959	29	0.9959	1	30
C	162 000	18.0080	18	0.0080		18
D	89 945	9.9983	9	0.9983	1	10
E	80 950	8.9984	8	0.9984	1	9
F	71 959	7.9989	7	0.9989	1	8
Total	1 358 321	Q = 8 996	146		4	150

Tablo2 [12]

---

12) Tablo1 ve Tablo2, Presov Üniversitesi'nde Vladimir Dancisin tarafından deneysel amaçla oluşturulmuştur.

$$\Theta = [1358321/151] + 0.5 = 8996{,}0033$$

$$\Theta = 8996$$

Yeni kota ile oranlama yapıldığında A partisi için,

$$75 + 0{,}9918 \qquad \text{sonucu elde ediliyor.}$$

Buna göre A partisi 76. sandalyeyi az farkla kaçırmıştır, çünkü bölme işlemindeki artık (ondalıklı) kısım diğer dört partininkinden daha azdır ve bu nedenle kalan dört sandalyeden hiç birisini alamaz. Sonuç olarak 75 sandalye ile tek başına iktidar olabilme şansını da yitirmiştir ve bütün bunlar fazladan kazandığı bir seçmen yüzünden olmuştur.

Bu tür vakaların zuhur etmemesi için kotanın doğru seçilmesi, ondalıklı yuvarlamanın hassasiyete yapılması önemlidir. Çelişkiyi gidermenin bir diğer yolu ise, Almanya'daki gibi genel oranlar ölçüsünde partilere ek sandalyelerin dağıtılmasıdır.

Verilen oyun ters tesirli olduğu bu ilginç duruma daha basit bir örnek 2003 yılında yapılmış bir referandum üzerinden verilebilir. Bu referandumun geçerli sayılabilmesi için kayıtlı seçmenlerin en az yarısından bir fazlasının katılımı gerekmektedir.

Slovakya'nın Avrupa Birliği'ne katılım için gerçekleştirdiği böyle bir referandumda elde edilen sonuçlar şu şekilde olmuştu.

Kayıtlı Seçmen Sayısı	4.174.097
Geçerlilik için asgari katılımcı sayısı	2.087.049
Katılımcı sayısı (oy veren seçmen sayısı)	2.176.990
Evet	2.012.870
Hayır	135.031
Geçersiz oy	29.089

Referandum sonucunda "Evet" kararı çıkmıştır. "Hayır" oyu verenler katılımın bu kadar kritik bir eşikte olacağını bilseler belki de sandığa gitmeyeceklerdi ve böylece katılım da yüzde 50'nin altında olduğu için referandum geçersiz olacaktı. Fakat, katılımın yüzde 50'yi aşması onların sayesinde oldu ancak sayıları "Evet"lerin bir hayli altındaydı. Dolayısıyla 135.031 vatandaş "Hayır" için oy kullanmaya giderek ironik bir biçimde sonucun "Evet" olarak kabul edilmesini sağlamış oldular.

Halk yüzde 92,46 ile "evet" demiş oldu; ancak bu ne kadar doğru? Bu sonuç, geçerli oylar üzerinden hesaplanınca böyle, ancak evinde oturarak referanduma kayıtsız kalanların niyetini nasıl değerlendirmeliyiz? Bir başka bakış açısıyla, aslında halkın yüzde 51,78 'inin "Evet" demediği de öne sürülebilir.

Hangisi doğru?

Parlamento seçimlerini referandumlardan ayıran başlıca özellik budur aslında. Mevcut bir durum vardır ve halka sorulan soru "değişsin mi değişmesin mi?" formunda basit bir sorudur. Bir değişim olacaksa bunun vurgulanması yani nitelikli bir katılımın olması beklenir, aksi takdirde bir değişikliğe ihtiyaç yoktur.

Referandum gibi oylamalarda katılım yarıdan fazla olmasının istenmesi bu açıdan tutarlıdır. Öte yandan; değişim isteyenler de "biz tercihimizi yaptık, tercih hakkını kullanmayanlar her sonucu baştan kabul etmiş sayılırlar" mantığıyla hareket edebilirler.

Bir paradokstan yola çıkarak tartışmaya açılabilecek bu konuda her iki kesim de kendince haklı gösterilebilir.

Paylaşılacak sandalye sayısının görece az olduğu seçimlerde başka tuhaflıklarla karşılaşmak da mümkündür. Seçim algoritması konusunda ve en uygun kotanın belirlenmesi noktasında alternatif fikirlerin yarıştığını görürüz.

Hare kotasının çelişkiler ortaya çıkarabildiği küçük ölçekli seçimlerde problemin çözümü ister istemez bizi başka arayışlara götürür.

Bir seçim çevresinde tek bir adayın belirleneceği her seçim doğal olarak çoğunluk usulü seçimi işaret eder. Burada yapılabilecek tek değişiklik, çoğunluğu daha nitelikli kılmak maksadıyla seçimi iki turlu icra etmektir. Böylelikle, seçilen kişi salt çoğunlukla (en az yarıdan bir fazla) seçilmiş olur. <u>O nedenle, bir milletvekilinin seçilmesi gereken ara seçimlerde de, uygulamanın iki turlu yapılması düşünülebilir.</u>

İki veya daha çok sandalyenin sahibini bulacağı bir seçimde kullanılabilecek metodlar yönünden daha fazla imkan söz konusudur. Önemli olan çelişik durumların ortaya çıkmamasıdır.

A, B ve C partilerinin 3 sandalye için yarıştığı bir bölge düşünelim. Kullanılan toplam 60 oyun dağılımı şu şekilde olsun.

$$A = 26 \qquad B = 25 \qquad C = 9$$

Basit kota ile kalanlar metodunu uyguladığımızda Θ 'yı 20 olarak hesaplarız.

$$(\Theta = 60/3 = 20)$$

Buna göre sandalye dağılımı;

$$
\begin{aligned}
A &= 26/20 &&= \left(1,\right.3 \\
B &= 25/20 &&= \left(1,\right.25 \\
C &= 9/20 &&= \left(0,\right.45 \quad *
\end{aligned}
$$

Son sandalyeyi en büyük ondalık kısımla C partisi alır.

$$
A = 1 \qquad B = 1 \qquad C = 1
$$

olarak gerçekleşir.

Bu bölgede seçilecek kişi sayısının üçten dörde çıkardığımızda ve partiler yine aynı oyları aldığında çok garip bir farklılık oluşuyor.

Doğal olarak Θ değişiyor öncelikle ve 15'e geriliyor.
$$
(\Theta = 60/4 = 15)
$$

Ve yeni dağılımı şu şekilde oluyor.

$$
\begin{aligned}
A &= 26/15 &&= \left(1,\right.73 \quad * \\
B &= 25/15 &&= \left(1,\right.67 \quad * \\
C &= 9/15 &&= \left(0,\right.6
\end{aligned}
$$

Son iki sandalye en büyük kalana sahip A ile B partileri arasında pay edilir.

Böylece,

A= 2   B= 2   ve   C= 0   sandalye kazanırlar.

Bu sonuçlara göre C, oyu düşmediği halde sandalye kaybetmiştir.

Evet, C partisi her iki durumda da 9 oy almışken seçilecek kişi sayısının 3'ten 4'e çıkarıldığı bir tekrar seçimde elindeki sandalyeyi niçin kaybetti?

Alabama paradoksu olarak adlandırılan bu karmaşayı açıklığa kavuşturmak adına C'nin sandalye kazandığı seçimi sorgulamalıyız öncelikle. Yani asıl sorulması gereken ve bu problemde göz ardı edilen nokta şudur:

C Partisi, aldığı 9 oyla nasıl sandalye sahibi olabilmişti?

Gizli çelişki orada duruyordu esasen. A partisi 25, B partisi 20 oyla temsilcisini seçtirirken C partisi 9 oyla temsilcisini seçtirmişti. Bu uçurum sorgulanmadan, tutarlı bir sonuç kabulüyle devam edildiği için ikinci seçimde C'nin sandalye kaybı haklı tepkilere neden olmuştur. Halbuki daha adil paylaşım ikinci seçimde olmuştur; fakat ilk sonuçların ölçü alınması bir çelişki ortaya çıkarmıştır. İşin doğrusu çelişki vardır yalnız bu çelişki ikinci seçimden birinciye geçildiği durumda ortaya çıkar.

Demek ki, üç vekilin seçildiği seçimlerde de basit kota bazı sıkıntılar ortaya çıkarıyor. O halde bu seçimlerin diğer yöntemler kullanıldığında ne gibi manzaralar ortaya çıkaracağına da bakmalıyız.

Birinci seçimin çeşitli formülasyonlar/ kotalar yardımıyla çözümlenmesi :

	Oyu	Hare	Droop	d'Hondt	Sainte-Laguë
A partisi	26	1	2	2	1
B partisi	25	1	1	1	1
C partisi	9	1	0	0	1

Sainte-Laguë, prensip olarak d'Hondt yöntemiyle benzerlik gösteren bölenler dizisi olarak ardışık sayılar yerine ardışık tek sayıların (1,3,5,7...) kullanıldığı bir yöntemdir. Küçük partilerin yararına çalışır ve buradaki örnekte de aynısı olmuştur.

Droop kotası ise basit kotanın modifiye edilmiş halidir ve kotanın genel olarak kullanılan şekli;

$$\Theta = [\text{Toplam oylar}/ \text{sandalye sayısı}+1] + 1 \quad \text{'dir.}$$

Köşeli parantez içindeki işlemin sonucu ondalıklı çıkarsa bunun tamsayılı kısmı alınır.

Bizim örneğimizde ilk seçimler için Droop kotası;

$$\Theta = [60/(3+1)] + 1 = 16$$

olur ve partilerin oyları bu sayıya bölündüğünde;

$$A = 1{,}625 \qquad B = 1{,}563 \qquad C = 0{,}563$$

İlk iki sandalye A ve B'ye gider, kalan son sandalye ise en büyük artığın sahibi A'nın olur. Bu işlemler sonucunda,

$$A = 2 \qquad B = 1 \qquad C = 0$$

sandalye elde ederler.

Sonuçlar herşeye rağmen tatmin edici değildir. A ile B arasındaki oy farkı yok denilecek kadar az iken A'nın 2, B'nin 1 temsilci seçtirecek olması rahatsızlıkların bu gidişle hiç sona ermeyeceğinin de bir göstergesidir. Kişi sayısı ondalıklı bir değer alamayacağı için kötünün iyisi bir paylaşım modelini belirlemekten başka seçenek de yoktur.

Az sayıda sandalyenin dağıtıldığı seçimler işte bu kısıtlı olanaklar nedeniyle sürekli açıkta kalan yanlarıyla birlikte yapılmak zorundadırlar.

Droop kotası ve d'Hondt ile elde edilen sonuçların diğer iki yönteme göre daha doğru sonuçlar verdiğini bu seçim için kabul edebiliriz.

İkinci seçimi yine aynı hesaplamalar ile yaptığımızda hangi sonuçları elde ederiz bir de ona bakalım.

Dağıtılacak sandalye sayısı dört olduğundan,

$$\text{Hare Kotası} = 60/4 = 15$$
$$\text{Droop Kotası} = [60/(4+1)] +1 = 13$$

olur.

	Aldığı oy miktarı	Kullanılan kotaya veya sisteme göre sandalye sayıları			
		Hare	Droop	D'Hondt	Sainte-Laguë
A partisi	26	2	2	2	2
B partisi	25	2	2	2	1
C partisi	9	0	0	0	1

Sainte-Laguë hariç hepsi de aynı sonucu vermiştir. En adil sandalye dağılımı 2-2-0 şeklindedir. Şimdi buradan geriye dönerek bölgedeki sandalye sayısını dörtten üçe indirdiğimizde "Eksilme hangi partiden olacak?" sorusu karşımıza çıkacaktır ki, bunun da cevabı daha önceden savunduğumuz gibi B Partisi'dir.

Bütün bu münakaşalara cevap olacak bağlamda en başından itibaren özetlememiz gerekirse şöyle bir çıkarımda bulunabiliriz:

Matematik lisanındaki bir şakanın sonucu olarak çarpık durumlarla karşılaşmış olmuyoruz, hatalı algoritmaların uygulanması ve çıkan sonuçların düzeltilememesi nedeniyle mağduriyetler yaşıyoruz.

İNSAN FAKTÖRÜNÜN DEVREYE GİRDİĞİ ANLAR

Seçim sistemlerinin bir sonucu olarak ortaya çıkan hatalar bir dereceye kadar anlaşılabilir. Hatta uzunca bir müddet bu konu üzerinden bir itiraz gelmeye de bilir; ancak çarpık sonuçlar bir siyasi partiye avantaj sağlamak için insan eliyle kasıtlı olarak ortaya çıkarılıyorsa o zaman işin rengi tamamen değişir.

Genellikle bir yasama döneminde güçlü pozisyon yakalamış siyasi partinin, bir önceki seçim sonuçlarından yola çıkarak seçim çevreleri üzerinde oynamalar yapması ve formülasyonu değiştirmeye gerek kalmadan aynı oy oranlarıyla daha fazla sandalye çıkarması şeklinde tezahür eder. Yüksek mahkeme statüsünde olan ve seçimlerin adli takibinden sorumlu kurulların müdahalede yetersiz kaldığı ülkelerde bir iktidar partisinin sayısal olarak bunu yapmaya gücü vardır.

Literatürde, *Gerrymandering* olarak isimlendirilen bu kavram doğrusunu söylemek gerekirse iktidar hırsıyla seçmeni, seçimi, demokrasiyi çiğnemenin bir diğer adıdır. Her ne sebeple olursa olsun *Gerrymandering* oyunlarına başvuruyor olmak siyasi ahlak tanımamanın, adaleti yok saymanın üstü örtülü kabulünden başka bir şey değildir.

Gerrymandering gibi usulsüzlükleri engellemek için sadece seçim algoritmasının sabit yasalarla koruma altına alınması yetmez, seçim öncesinden başlayarak seçim çevrelerinin yeniden düzenlenme prosedürlerini kapsayacak şekilde ülkedeki seçim kurullarının inisiyatif almaları şarttır. Seçim takviminin başından sonuna kadar en ufak demografik değişimleri siyasi parti gözetmeksizin izleyerek, gerekli hallerde güncellemeler yapmaları bu husustaki en önemli vazifeleridir.

Yandaki resimde basit Gerry-mandering tuzağını görmekteyiz.

Üç temsilcinin seçileceği bir seçim çevresinde Beyaz partinin 4, Siyah partinin ise 5 oy aldığını varsayalım.

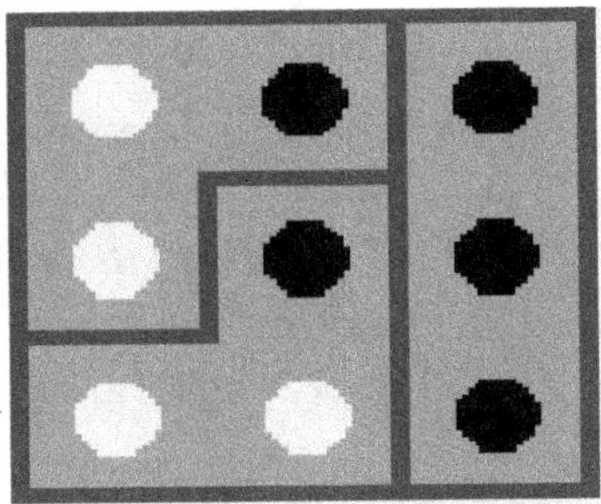

Fakat, seçim çevresi birbirine eş öylesine üç bölüme ayrılmış ki, sonuç olarak Beyazlar 2, Siyahlar 1 temsilcilik kazanmış.

Gerrymander tuzağı kurulduğundan dışarıdan bakan bir gözlemci düzenlemeye şekli bir itiraz getiremez. Yukarıdaki gibi bir modelde seçim çevrelerinin eş seçmen sayılarına sahip oldukları nettir ve bu noktadan bir sorgulama yapılsa bile düzenlemeyi yapan (tuzağı kuran) makamı zorlayacak bir tartışma vuku bulmaz.

Seçim çevresinin bölünmediği durumda yukarıdaki sonuçlar Siyahlara 2, Beyazlara 1 sandalye kazandıracaktı ancak bunun tam tersi oldu. Seçim çevrelerini daraltarak ve çoğunluk usulü yardımıyla haksız kazanç elde etmenin sonu yoktur. Böyle bir çalışmayı yeteri kadar iyi yapabildiğiniz zamanlarda daha az oylarla ciddi parlamento çoğunluklarına bile erişebilirsiniz.

Adaletsizlik, seçim çevrelerindeki seçmen sayısını ikinci plana atan, daraltılmamış aksine genişletilmiş/ birleştirilmiş seçim çevrelerinde *liste usulü çoğunluk* formülü kullanarak da yapılabilir ve böyle bir oyun da yine aynı şekilde *Gerrymandering* tuzağı kapsamında değerlendirilmelidir. Seçim çevrelerindeki sınırların bir partinin menfaatine olacak biçimde değiştirildiği tüm düzenlemeler masum olmayan son derece sinsi tuzaklardır.

Çoğunlukçu yöntemlerin yerine tek seçim çevresine göre nispi temsil hesabının yapılabildiği ya da en azından Almanya'daki ve Danimarka'daki gibi düzeltme faktörüyle eşit temsilin sağlandığı yerlerde *Gerrymandering* tuzaklarının bir getirisi olmayacaktır. Mesela, ülkenin tamamını bir seçim çevresi olarak değerlendiren "Tek Bölge Formülasyonu"nda bu çeşit uygunsuz çabaların kesinlikle sonuca bir etkisi olmaz. Ülke genelinde partilerin sandalye sayısı hesaplandıktan sonra temsiliyetlerin hangi alt bölgelerden olacağı, yani çevrelerdeki temsilcilerin belirlenmesi noktasında *Gerrymandering* yapmanın bölgesel olarak bir etkisi olabilir, ama bu oyun genel sandalye sayısını değiştiremez.

Sonuçlara etki gücü ne ölçüde olursa olsun önüne geçilmeli, gerekli hallerde buna karşı anayasal bir engel oluşturarak seçim kurulunun elini güçlendirmelidir. Seçim kurulları tabi olarak bu işlerde memurdurlar; yalnız her ne kadar yüksek mahkeme fonksiyonu üstlenmiş olsalar da neticede seçim kanunlarına göre ve en nihayetinde anayasaya dairesinde hareket etmek zorundadırlar. Buradaki açmaz güçlü partilerin, çoğunluk partilerinin açmazıdır. Çoğunluğu elinde bulunduran parti hiçbir zaman böyle düzenlemelere yanaşmaz. Dahası, çoğunluğu kaybedeceğini hissettiği zaman sistemi kendi lehine deforme eder. Baraj koyabilir, algoritmayı değiştirebilir, çevre barajı koyabilir ve bunun gibi birçok yola başvurabilir. *Gerrymandering* de bunlardan birisidir ve bu düzenlemeler parlamentolara bırakılmayacak kadar hayatidir.

Parlamentolarda siyasi partiler kendi çıkarlarını her şeyin önünde görebilirler fakat seçimler üzerindeki hukuki düzenlemelerin adeta ülke sathında hiçbir parti yokmuş gibi, partilerin henüz teşekkül etmediği bir düzlemde yapılması zorunluluğu vardır. Halk, partilerin olmadığı bir ortamda dahi kendi vekillerini belirleyebilir; fikirsel çıkış noktası bu olmalıdır.

Bu konu özelinde bir defaya mahsus "doğrudan demokrasi" pratiklerinden, bir referandumdan yararlanılabilir. Hazırlık sürecinde akademilerin, siyasi partilerin ve partiler dışındaki sivil toplum örgütlerinin önerileri dikkate alınabilir; ancak en sonunda halk, temsilde adaleti önceleyici, seçimleri suistimal eden uygulamaları önleyici seçim yasasını onaylar ve yeni seçim yasası artık partilerin saldırılarına karşı daha sağlam bir zırha sahip olur.

İkinci seçenekte, halk baraj uygulanmaksızın yapılan seçimlerle bir "Kurucu Meclis" seçer. Kurucu Meclis, yeni anayasayı hazırlama sürecinde seçimlerle ilgili genel çerçeveyi yine aynı hassasiyetle çizer. *Gerrymandering* ve bunun gibi tuzaklara izin vermeyen ve bu noktalardaki soruları aydınlatıcı ama öte yandan makul seviyelere kadar ulusal baraja da açık kapı bırakan bir kurallar manzumesini anayasal güvence altına aldırırlar. Halk, yeni anayasayı onaylamakla birlikte daha sağlam temellere oturmuş, hangi alanlarda nereye kadar esnetilebileceği belli olan kuralların da bir çerçevesini çizmiş olur.

Bu konuya ilişkin normların belirlenmesinde halkın doğrudan müdahalesi dışında daha iyi bir çözüm olamaz. Partilere bırakıldığı en iyi durumlarda bile sistem bütünüyle bir tehdit altındadır.

Ortalama iyi sayılacak bir sandalye dağılım algoritmasının uygulandığı herhangi bir seçimde, dengeleri altüst edecek sonuçları yalnızca seçim çevrelerini daraltmak suretiyle elde etmek mümkün müdür?

Gerrymandering oyunlarının daha geniş bir başka örneğini göstermek açısından geldiğimiz yere, Güzelya'ya dönerek birkaç çizgiyle oradaki dengeleri değiştirelim.

Üç partinin, toplamda yirmi sandalye için yarıştığı ve barajın olmadığı Güzelya'daki seçimlerde partiler şu sonuçları almışlardı:

A Partisi : %32,5

B Partisi : %30

C Partisi : %37,5

Hatırlanacağı üzere Güzelya, her birisinin beş sandalye ile temsil edildiği dört vilayetten oluşmaktaydı. Seçim çevreleri olarak tanımlanan bu vilayetlerde, partilerin aldıkları sonuçların *d'Hondt* sistemine göre kaçar sandalyeye karşılık geldiğini hesaplayalım.

(Çevresel oy dağılımı bu haritada verildiği gibi olsun.)

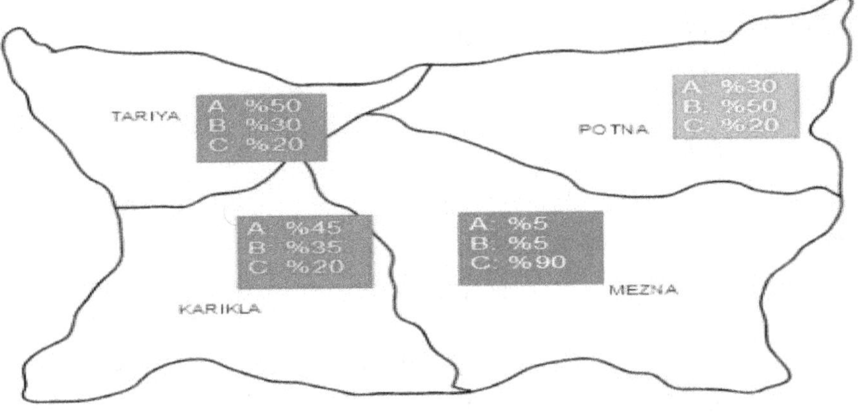

Klasik *d'Hondt* algoritmasına göre bir seçim çevresindeki partilerin oyları sırasıyla ardışık sayma sayılarına (1,2,3,4 ...) bölünüyor ve her bölme sonrasında en büyük durumda olan bir sandalye kazanıyor. Bu işlemler silsilesi, o çevredeki tüm sandalyeler dağıtılıncaya kadar devam eder.

	A	B	C		A	B	C
Tariya	**50** **25** **16,6** 12,5	**30** 15	**20** 10	Potna	**30** 15	**50** **25** **16,6** 12,5	**20** 10
Sandalye:	**3**	**1**	**1**		**1**	**3**	**1**

	A	B	C		A	B	C
Karikla	**45** **22,5** 15	**35** **17,5** 11,6	**20** 10	Mezna	5	5	**90** **45** **30** **22,5** **18** 15
Sandalye:	**2**	**2**	**1**		**0**	**0**	**5**

D'Hondt mantığıyla yapılan dağıtımın neticesinde çevrelere göre hangi partinin ne kadar sandalye kazandığı yukarıdaki tablodan görülebilir.

Güzelya genelinde partilerin kazandıkları sandalye sayıları ise ülke genelindeki oy oranlarıyla birlikte değerlendirildiğinde gayet kabul edilebilir değerlerdir.

A = 6   sandalye ve % 32,5 oy
B = 6   sandalye ve % 30 oy
C = 8   sandalye ve % 37,5 oy

D'Hondt, doğası gereği büyük partilerin lehine işleyen bir sistemdir. Dağıtım çevresel bazda yapıldığından, her çevrede belirli oranlarda çoğunluğa erişmek ülke genelinde tutturulacak orandan daha önemlidir. Söz gelimi, bir çevrede (Mezna'da) ezici üstünlük elde eden C partisi oradaki tüm sandalyeleri kazanmıştır.

Şimdi Güzelya'da B partisi seçim çevrelerinin yeniden tanımlanması yönünde bir karar aldırıyor. Parlamenter sayısı ve d'Hondt sistemi aynen korunuyor ancak bu yeni karara göre ülke on seçim çevresine ayrılıyor. Düzenlemeyle birlikte yeni ortaya çıkan seçim çevrelerini gösterir haritada önceki dört seçim çevresinin biraz küçültülüp ikiye bölündüğü, eksiltilen kısımlarla ise ülkenin tam ortasında yeni bir vilayetin oluştuğu açıkça görülmektedir.

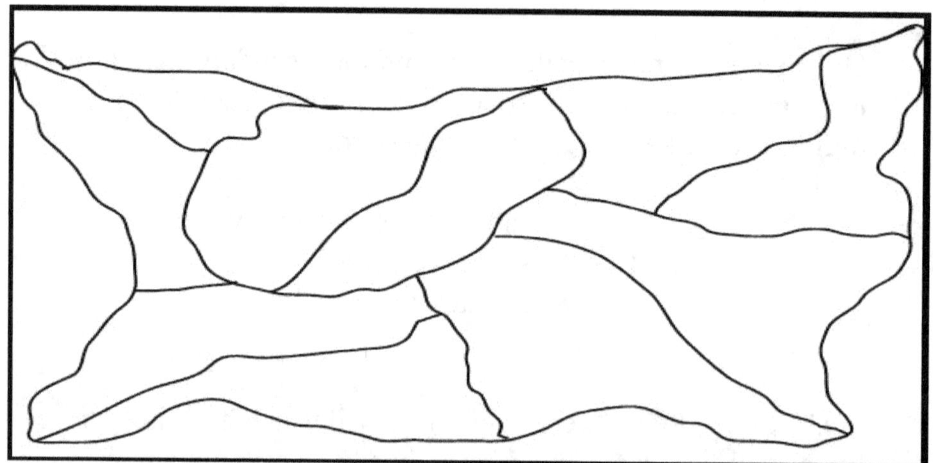

Güzelya'nın seçim çevreleri üzerinde yapılan oynamalar
sonucunda böyle bir seçim haritası ortaya çıkıyor.

Önceki seçimlerde her çevredeki en alt yerleşim birimlerine kadar indiğimizde bile oyların dağılımında homojen bir yayılım olduğunu biliyorduk. Tariya'da A partisi ne kadar oy almışsa oransal olarak Tariya'nın tüm ilçelerinde ve hatta kasabalarında da aynı oya sahipti. Bir örnek vermek gerekirse, Tariya haritadaki gibi biraz küçültülerek ikiye bölündüğünde oluşan her iki parçasında da partilerin oy yüzdeleri aynı kalacaktır.

Diğer üç eski vilayette de durum aynıdır. Mevcut homojen durumları buralarda yapılan "daraltma" işleminin yeni oluşan çevrelerde oransal bir oy farklılığı çıkmasını engellemiştir. Bunun bir istisnası ülkenin ortasında yeni oluşturulmuş vilayet **Bifirga'**dır. Bifirga önceki dört vilayetten toprak alınarak kazanılmış fakat hem kendi sınırlarının hem de vilayeti ikiye bölen Kuzeydoğu-Güneybatı doğrultusundaki çizginin dikkatlice ayarlanması sonucu oranlarda sıralamayı değiştirmeyecek bazı kaymalar olmuştur.

Seçim sonuçları aslında aynıdır fakat seçim haritası değişmiştir. On seçim çevresindeki sonuçlar şu şekildedir.

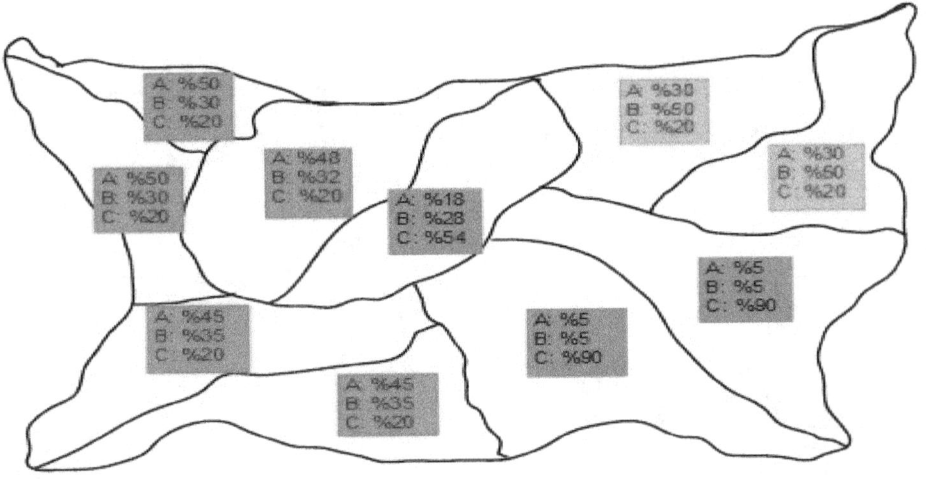

Yeni bir durum olarak; Bfirga'nın iki farklı parçasında iki farklı partinin birinci olduğunu görüyoruz.

Merkezdeki yeni vilayet Bfirga'nın batıdaki parçasında %48 ile A partisi, doğudaki parçasında ise %54 ile C partisi birinci gelmiştir. Parlamento aritmetiğini radikal şekilde değiştirecek bir diğer etken de bu olacaktır.

Yirmi sandalye on seçim çevresinde dağıtılacaksa her çevre için iki kişilik kontenjan var demektir. O halde, bir çevredeki tüm sandalyeleri almak isteyen bir partinin oyu ile en yakın rakibinin oyu arasındaki fark iki kattan fazla olmalıdır. İki sandalyenin dağıtılacağı bir seçim çevresinde birinci olmak tek bir sandalyeyi garanti eder, ikinci sandalyenin kazanılıp kazanılmayacağını ikinci partinin oyu belirler. Bazı hallerde birinci parti yüzde 65 oyla dahi ikinci sandalyeyi kaçırabilir.

D'Hondt sistemiyle aynı seçim sonuçlarını yeni seçim çevreleri üzerinde değerlendirelim ve sandalye dağılımını gösterelim.

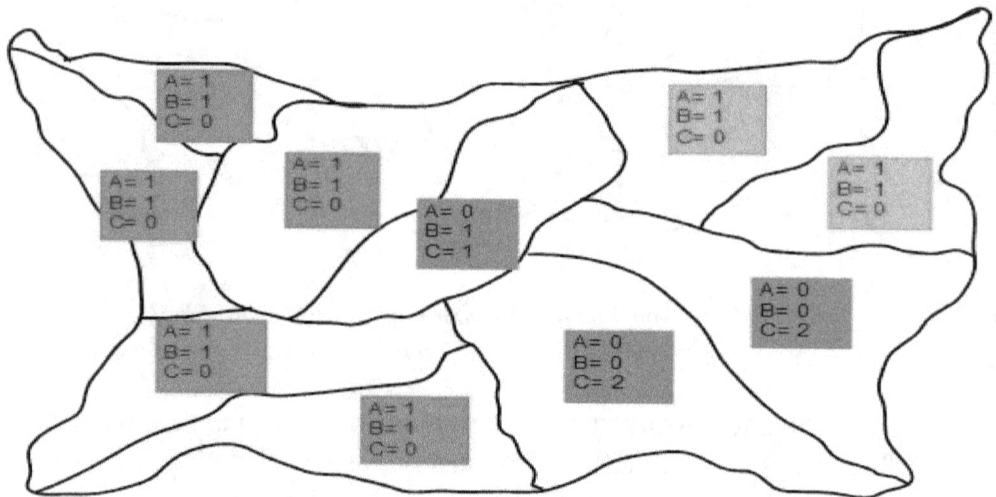

Bu dağılımlarla partilerin parlamento sandalye sayıları da ortaya çıkmış bulunmaktadır. Gerrymandering tuzağını kuran B partisinin böyle bir düzenlemeyle ne kadar büyük bir avantaj sağladığını, toplam sandalye sayılarını ve oy oranlarını yan yana yazarak daha iyi görebiliriz.

A = 7   sandalye ve % 32,5 oy
B = 8   sandalye ve % 30 oy
C = 5   sandalye ve % 37,5 oy

Sonuçta, yüzde 37,5 oyla ülkenin birinci partisi olan C partisi 5 sandalye kazanarak parlamentoda sonuncu, yüzde 30 oyla sonuncu gelen B partisi kazandığı 8 sandalye ile parlamento birincisi olmuştur. On seçim çevresinin beşinde birinci gelen A partisi de önceki duruma göre avantaj sağlayarak sandalye sayısını 1 arttırmıştır. Bu bağlamda, seçim çevrelerindeki sonuçlar da ayrıca dikkat çekmektedir. B partisinin, uygulanmış olan d'Hondt metoduna rağmen ve sadece iki seçim çevresinde birinci gelerek bu başarıyı sağladığının altını çizmeliyiz. Halkın oyu değişmemiştir ancak sınırlardaki yeni düzenlemelerin etkisiyle B partisi hemen hemen tüm çevrelerdeki son sandalyeleri alarak parlamentoda sürpriz bir üstünlük yakalamıştır.

V. BÖLÜM

TÜRKİYE'NİN SEÇİM COĞRAFYASI ÜZERİNDE BİR TASARIM : 1 KASIM 2015 TÜRKİYE GENEL SEÇİMLERİNİN ÇÖZÜMLEMESİ

Birinci Kısım:

SEÇİM ÇEVRELERİNİN VE KURALLARIN BELİRLENMESİ

Türkiye'nin idari bölünüşten bağımsız olarak özdeş 100 seçim çevresine bölümlenmesi öncelikli iştir. Buradaki eş seçim çevrelerinin her birisinde beşer kişilik yarı açık parti listeleri yarışacaktır. Yarı açık listelerde listenin ilk sırasındaki isim parti yönetimi tarafından sabitlenir, geri kalan dört isim seçmenin tercihli oylarına bırakılır. Bazı seçim çevrelerinde bağımsız adayların da yarışacağının ve seçim sonucunda toplam 500 milletvekilinin TBMM'ye gireceğini göz önünde bulunduruyoruz.

Seçim çevreleri belirlenirken coğrafi manialar dikkate alınır, fakat bunun seçim çevrelerinin seçmen sayıları bakımından büyük farklar oluşmamasına dikkat edilir. Şayet dengeleri bozacak kadar farklar oluşturmuyorsa, yani tolerans sınırları içerisindeyse, bazı çevrelerin gerçek idari sınırlarla örtüşmesine izin verilir. Böyle yerlerde seçim çevreleri il idari sınırlarına uydurulmuş, bir şekilde sığdırılmış demektir, yalnız buradaki en önemli husus "tolerans" payı. Bazı ülkeler bunu seçim çevrelerinin hem yüzölçümüne hem de seçmen nüfusuna göre belirlerler. Sadece seçmen nüfusuna göre Türkiye için bir bu tolerans payını %10 olarak kabul edelim; yani en büyük seçim çevresiyle en küçük çevresi arasında seçmen sayıları bakımından fark en çok yüzde 10 olsun.

Bağımsız adaylar sadece kendi seçim çevrelerindeki oylarla seçileceklerdir ve doğal olarak onlar için baraj 1/5 yani yüzde 20. Partiler için ise azami % 2'lik bir ulusal baraj yeterli olacaktır. Bu durumda TBMM'ye girebilen her parti en az 10 kişilik bir gruba sahip olacaktır.

Ulusal baraj %2 veya biraz daha üzerindeyse baraj üzerindeki partilerin oyları dağıtılacak sandalye sayısına bölünerek bir seçim kotası bulunur ve partilerin ülke genelinde aldıkları oy miktarı bu kotaya bölünerek çıkaracakları milletvekili sayıları hesaplanır. Son olarak bu milletvekilliklerinin hangi çevrelerden elde edildiğini belirleyen yerleşme algoritması başlar. Algoritmanın "yerleşme" de kullandığı mantık, 1 Kasım 2015 seçimleri örneği üzerinden ikinci kısımda daha detaylıca anlatılmıştır.

Aşağıdaki model haritada Türkiye'nin 100 eş seçim çevresi görülmektedir. İstanbul, Ankara ve İzmir gibi büyükşehirlerin herbirinin çok sayıda seçim çevrelerini içerdiği hemen dikkat çekecektir. Az sayıda seçmene sahip küçük vilayetlerin, aslında tam olarak bir seçim çevresi bile etmedikleri de yine aynı şekilde aşikardır.

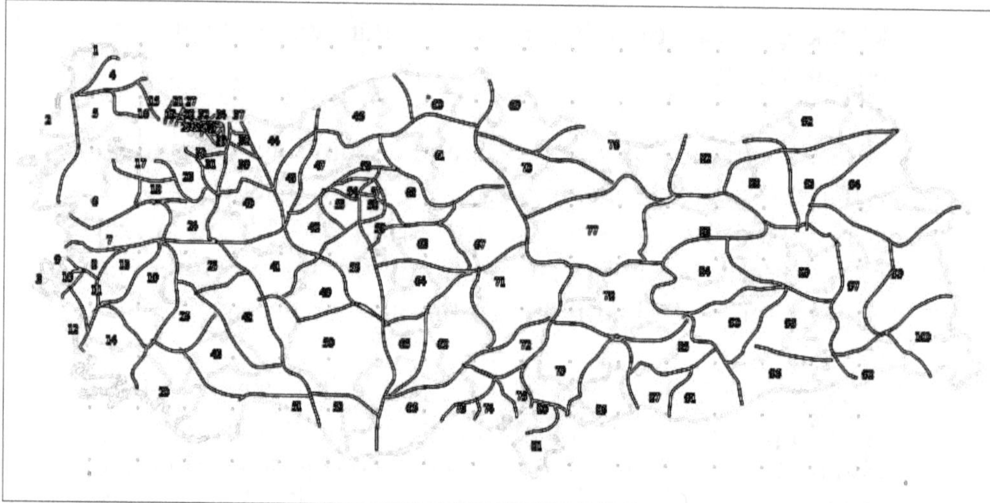

Seçim çevreleri oluşturan sınırlar bazı yerlerde idari sınırlarla örtüşmeyebilir

Görüldüğü gibi bazı seçim çevreleri birden fazla vilayetten oluşmuştur. Yerleşme bitip seçim çevrelerine göre partilerin kazandığı sandalye sayıları belli olduktan sonra bu tip seçim çevrelerinin kesişim alanlarında en çok oyu kimin aldığına bakılır. Buradaki amaç, seçim çevresinin vilayet sınırlarından taştığı, bir başka deyişle komşu vilayette kimin sandalye sahibi olduğunu anlamaktır.

Yine bu amaçla seçim çevrelerini idari sınırlarla birlikte gösteren bir harita yayınlanır ve her çevrenin hangi vilayetlerden oluştuğu açıkça görülür. Örneğin, aşağıdaki temsilde 66 numaralı seçim çevresinin büyük oranda Mersin ilinin içinde olduğu, az bir kısmının Adana ili içerisinde olduğu gösterilmiştir. Bu çevreden seçilen beş parlamenterden dördü "Mersin Milletvekili" biri "Adana Milletvekili sıfatını kazanır. Bu çevreden sandalye kazanan partilerden Adana sınırları içerisinde kalan kısımda en çok oya sahip olan parti, çevredeki Adana milletvekilliğini kazanmış olur. Şayet kazanan bağımsız bir aday varsa, bu kişinin en çok oyu hangi kısımdan aldığına bakılır ve ona göre ili yazılır.

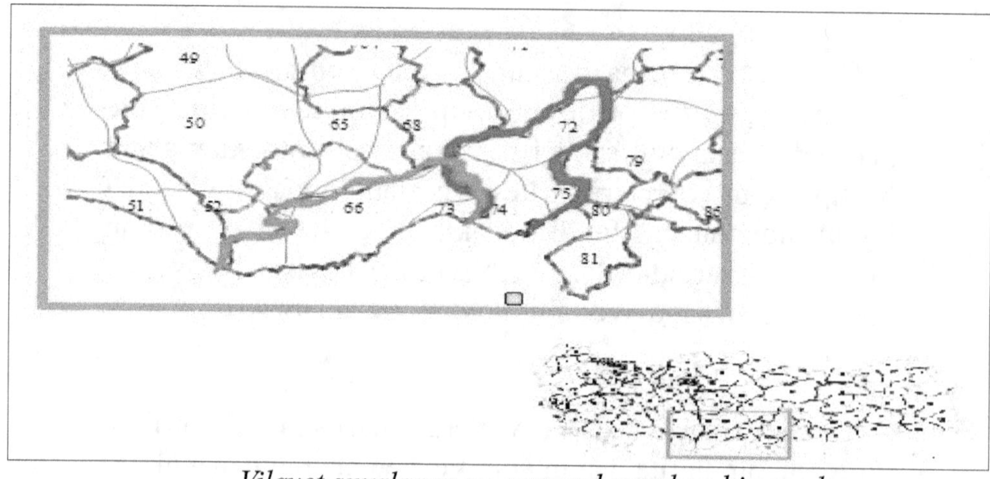

*Vilayet sınırlarını ve çevresel sınırları bir arada
gösteren örnek çizim*

Yukarıdaki temsilde görülen bazı çevreleri illeriyle
beraber yazalım.

Çevre/ İller :

51/ Antalya
52/ Antalya, Karaman, Mersin, Konya
66/ Mersin, Adana
73/ Mersin
72/ Adana, Kayseri
74/ Adana
75/ Adana

Genel seçimler için izlenecek ana yöntem burada anlatıldığı şekildedir. Bölümlendirme hususunda zorluklarla karşılaşılıyorsa bugün olduğu Türkiye, özdeş olmayan 85 seçim çevresi olarak kabul edilir ve yerleşme algoritması ona göre başlar. Nitekim, ikinci kısımda Kasım 2015 seçimleri çözümlenirken bu şekilde davranılmıştır.

Ara seçimlerin gerekli olması halinde ise seçimlerin yapılacağı her çevrenin kendi kuralı geçerlidir. Genel seçimlerde olduğu gibi bütün çevreleri birleştirerek "Tek Bölge" hesabı yapmak yanlış olacaktır; çünkü her sandalye farklı sebeplerle boş durumdadır. Oysa, genel seçimler yasama süresinin sonuna geldiği için veya meclis feshedildiği için yapılır.

Bütün bu ayrıntıların en başında hiçbir zaman akıllardan çıkmaması gereken bir gerçek daha vardır. 1921 Anayasası'ndaki (Teşkilat-ı Esasiye) ifadeyle "Büyük Millet Meclisi üyelerinin her biri, yalnız kendini seçen ilin vekili olmayıp aynı zamanda bütün ulusun vekilidir". Bu kabul, yürürlükteki 1982 Anayasası için de geçerlidir; dolayısıyla her bir milletvekili tabii olarak öncelikle "Türkiye Milletvekili"dirler. Herhangi bir ilin vekili olmaları daha sonraki bir sıfat, hatta bir ayrıntıdır. Aslında milletvekillerinin il isimleriyle birlikte anılıyor olması pratikte sadece bir iş bölümünün adıdır.

Bu bakış açısını daha genişletebiliriz, nitekim ideal bir milletvekili sadece ülkesinde olan bitenlerden sorumlu değildir, gücü yetebiliyorsa dünyanın diğer bölgelerindeki hak ihlallerine ve doğrudan insanı ilgilendiren gelişmelere de dikkat çekmelidir.

İkinci Kısım:

1 KASIM 2015 TÜRKİYE GENEL SEÇİMLERİNE GÖRE TEK BÖLGE FORMÜLASYONUNUN ÖNGÖRECEĞİ SONUÇLAR

1 Kasım 2015 Pazar günü TBMM XXVI. dönem milletvekillerinin belirlenmesi için toplam 48.537.695 seçmen sandık başına gitti. Yüzde 85,23'lük katılım oranıyla Avrupa ortalamalarının bir defa daha üstüne çıkılan bu seçimlerde yurtdışından ve gümrüklerden gelen oy miktarı ise 1.298.325 gibi oldukça hatrı sayılır bir paya sahip oldu.

1982 anayasasıyla birlikte getirilen %10 ulusal seçim barajının 85 seçim çevresinde d'Hondt sistemiyle uygulanması neticesinde dört parti TBMM'ye girmeye girmeye hak kazanmıştır. Bağımsız herhangi adayın kazanamadığı seçimlerde oy dağılımı ve parlamento kompozisyonu şu şekilde oluşmuştur.

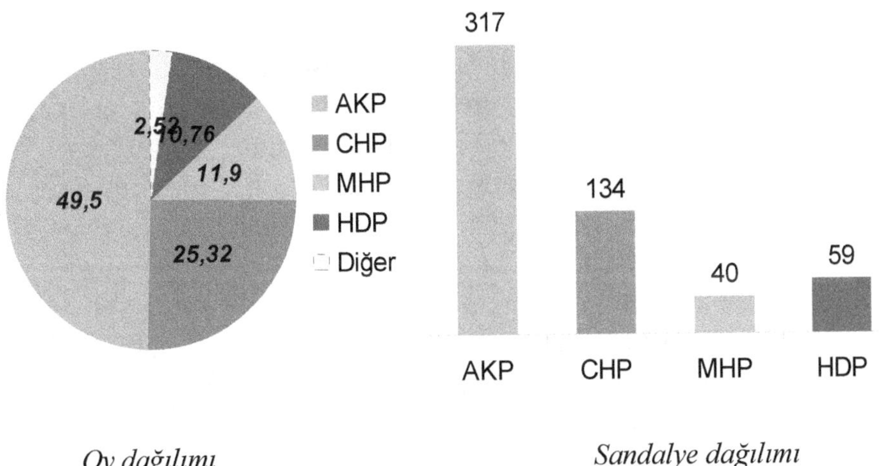

Oy dağılımı   *Sandalye dağılımı*

Bir seçim çevresinde birinci gelen partinin, ulusal ölçekte ise büyük partilerin yararına olan klasik d'Hondt algoritması %10 gibi oldukça yüksek sayılabilecek genel barajla birlikte uygulandığından oyların %49,5'unu alan AKP parlamentoda %57,45'lik bir ağırlığa sahip olmuştur. Yine dikkat çeken bir diğer çarpıklık MHP ve HDP oyları karşılaştırıldığında ortaya çıkmaktadır. MHP, Türkiye genelinde HDP'ye göre %1,14 daha fazla oy almasına rağmen HDP'ye göre 19 daha az sandalye kazanabilmiştir. Yine burada da HDP'nin bölge ağırlıklı bir parti olmasının, belirli yerlerde açık ara birinci gelmesinin etkisi vardır. MHP ise hiçbir seçim çevresinde birinci gelememiştir, dolayısıyla d'Hondt algoritması bu seçimlerde MHP adına zararlı bir sonuç ortaya çıkarmıştır.

1 Kasım 2015 seçimlerinin "Tek Bölge Formülasyonu" altında nasıl sonuçlar vereceğini irdeleyelim. Tek Bölge Formülasyonunun tavsiye edilen biçiminde seçim çevrelerinin birbirleriyle eş değer olmaları ve her birisinin eşit sandalye ile temsili söz konusuydu; ancak Türkiye'deki seçim çevreleri böyle bir hassasiyet gözetilerek oluşturulmamıştır. Öte yandan, seçim öncesinden sandalyelerin çevrelere göre ayarlanmasında da (çevre kontenjanlarının belirlenmesinde) son derece yanlış bir yaklaşım olarak önce her çevreye bir sandalyenin verilmesi daha sonra da kalan sandalyelerin çevrelerin seçmen sayısına orantılı olarak dağıtılması sağlanmıştır. Esasen bu iki yaklaşım da hatalıdır ve d'Hondt metoduyla birlikte yapıldığında son seçimlerde olduğu gibi tamamen çarpık sonuçlar ortaya çıkarmaktadır.

Her seçim çevresine seçimlerden önce 1 sandalye tayin edilmesinin getirdiği olumsuzluklara daha doğrusu çarpıklığa bir örnek verelim:

İzmir-2 seçim çevresi için 1.582.376 kayıtlı seçmene karşılık 13 sandalye verilirken, Tunceli'deki 62.608 kayıtlı seçmen için 2 sandalye ayrılmıştır. Bu durumda İzmir ikinci bölgedeki 121.721 seçmene 1 milletvekili karşılık geliyorken, Tunceli'deki 1 milletvekili başına düşen seçmen sayısı sadece 31.304 oluyor. Seçim günü çevrelerdeki katılımın oranı da bu çarpıklığı artırabilmektedir; o nedenle seçim öncesinden çevresel kontenjanların belirlendiği böyle bir ortamda ne kadar da arzu edilse ideal ölçüde bir nispi temsilin oluşabilmesi hayalden öteye geçmeyecektir.

Ancak, Tek Bölge Formülasyonu gibi seçim sabitinin seçim akşamında aktüel olarak hesaplandığı bir sistemde, ulusal bazdaki bu sabit sayı (Θ) ülkeyi tek bir bölge olarak değerlendirerek partilerin sandalye sayılarını kesinleştirdiğinden seçim çevrelerinde farklı "Θ" değerlerinin kullanılıyor olması genel sonuçları etkilemeyecektir. Burada oluşmuş farklı "Θ" değerleri yalnızca sandalyelerin çevrelere paylaştırılması amacıyla kullanılabilir ve Türkiye örneğinde de bu yaklaşım içerisinde olacağız. Herhangi bir parti herhangi bir seçim çevresinde geçerli oyların yarısına yakınını almışsa o çevredeki sandalyelerin de yarısını alması, genel dağılımı bozmaksızın gözetilmesi gereken bir husustur.

Tek Bölge Formülasyonunun yalın uygulanan algoritmasında, çevreler için incelikli bir hesaplamaya gerek kalmadan basit turlamalarla partiler yerleşmeye başlıyordu ve bu akışın sonucunda sandalyeler sahiplerini buluyordu.

Bu çerçevede yapılacak yerleşim AKP ve CHP'ye 85

seçim çevresinin hemen hemen tümünde en az birer vekillik kazandıracaktır. Basit turlamada, dört parti de eş zamanlı tura başlayacaklar ve sandalye sayısını bulan parti turdan ayrılacaktır. Bu sürecin sonlarına doğru turda tek başına kalan en büyük parti AKP, tüm boş kalan sandalyeleri alacaktır.

Bağımsız milletvekili adaylarının oy sayımları ve kazanıp kazanmadıklarına dair hesaplamalar sadece bağımsız adayın seçime katıldığı seçim çevresi üzerinde yapılıyordu. Türkiye'deki seçim çevreleri eş seçim çevreleri olmadığından, bu ölçüm için de yine aynı şekilde tek bir orandan söz edilemez ve her seçim çevresindeki adayın ölçümü müstakilen yapılır. Buna göre, partili bir vekilin seçilmesinde olduğu gibi bağımsız adayın seçilmesinde de küçük hacimli seçim çevreleri vekil adayı açısından daha kolay olacaktır. Bağımsız aday eğer bir potansiyel görebiliyorsa, Tunceli'den seçime girerek şansını değerlendirebilir ancak bunun yerine İzmir ikinci bölgeden bağımsız adaylık koymak normal şartlar altındaki en kötü tercih olacaktır. (*aradaki uçurum yerel Θ'lar tablosundan da görülebilir*)

Elbette seçimlerin tüm bu matematikten ayrı bir doğası mevcuttur ve konunun aritmetik yönü bir kenara bırakıldığında, her aşamada en çok göz önünde tutulması gereken ayrıntı seçmen eğilimleridir. Seçmen eğilimleri bu bağlamda *"1+1 'in 2'ye eşit olmadığı"* bazen ikiden büyük bazen de küçük olabildiği ilginç bir sosyal deneyin konusudur. Kendi içerisinde bir değişimler ve devinimler kümesi olarak tanımlanabilecek **sosyal etki**, hiç kuşkusuz seçim sahnesinin baş oyuncusudur. Bir memleketteki parlamento seçimi işte bu sosyal dinamiklerin ve matematiğin kusursuz eşliğinde sergilenen muhteşem bir sanat gösterisi gibidir.

Kasım 2015 TBMM seçimlerinde Yozgat ve Diyarbakır'daki bağımsız adayların kazanmaya yaklaştığı hatta Yozgat'taki adayın 28.664 gibi yüksek bir oyla seçimi kaybettiği görülmektedir. Sonuç olarak bu seçimlerde 550 sandalyenin tamamı partili vekiller tarafından doldurulacaktır.

Bağımsız adayların durumu da netleştiğine göre ikinci etapta, yüzde 10 seçim barajını göz önünde bulundurarak, bu seviyenin altındaki oyları ve bağımsız adaylara verilen oyları hesaplamanın dışında tutuyoruz.[13] Buna göre, seçim barajını geçen dört partinin oy toplamını 550'ye bölerek ulusal **"Θ"** değerini buluyoruz.

---

13) Bu tutumun sebebi, 2015 İsrail seçimleri Tek Bölge Formülasyonuna uyarlanırken izah edilmişti. Yüksek barajlı seçimlerde en iyi yol, sadece baraj üstü oyları hesaplamaya dahil etmek olacaktır.

$$AKP = 23.681.926 \qquad Toplam = 46.635.959$$
$$CHP = 12.111.812$$
$$MHP = 5.694.136 \qquad \Theta = 84.793$$
$$HDP = 5.148.085$$

Üçüncü etapta tüm baraj üstündeki partilerin ülke genelinde aldıkları oylar Θ'ya bölünerek tam kısımlarının yanında ondalıklı kısmı büyük olanlara da 550'yi tamamlayacak şekilde ek sandalyeler verilir.

	Oy /Θ	Ondalık kalan	Ek sandalye	Milletvekili sayısı
AKP	279,29	29		279
CHP	142,83	**83**	**1**	143
MHP	67,15	15		67
HDP	60,71	**71**	**1**	61
Toplam	548			550

Partilerin yurt içi ve yurt dışı tüm oylarının değerlendirmeye dahil edildiği, partilere göre sandalye dağılımını veren hesaplamaların, ondalıklı çıktılarına göre CHP ve HDP son iki sandalyeyi almışlardır.

Genel toplamın 550'yi bulmasıyla birlikte paylaşım tamamlanmıştır... Şu halde geriye, partilerin hangi seçim çevrelerinden ne kadar milletvekili çıkaracaklarını tespit etmekten başka bir iş kalmıyor.

Standart yerleşim usulünün tersine "çevre hassasiyetli" yerleşimde her çevre için özel "Θ" değerlerinin bulunması, daha sonra o çevredeki parti oylarının ilgili Θ değerine bölünerek ondalıklı kesirler haline çevrilmesi gerekecektir. Daha önceden de örneklendirildiği üzere ondalıklı formun "tamsayı" kısmı seçim çevresindeki kesinleşmiş milletvekili sayısını verecek, "ondalıklı" kısım ise kalanlar cetveline aktarılacak ve daha sonra dağıtılmak üzere ayrıca bir sürece tabi tutulacaktır.

1 Kasım 2015 günü 85 seçim çevresinde kullanılmış oylarla hesaplanan yerel 'Θ' değerlerinin tablosuna baktığımızda, buradaki farklı bazı değerlerin esas 'Θ' (ulusal 'Θ') değerinden bir hayli uzaklarda olduğunu görebiliriz. Tek Bölge Formülasyonu'nun ideal uygulanışlarındaki gibi aynı sayıda seçmene sahip "eş seçim çevreleri" oluşturulabilmiş olsaydı elbette buradaki istenmeyen durumla da karşılaşılmayacaktı.

Fakat biz çözümlemeyi, mevcut 85 seçim çevresini olduğu gibi kabul ederek yapmak durumundayız. O halde, **"ulusal Θ'** ile genel resmi çizdiğimiz gibi şimdi de **"yerel Θ"** değerleriyle yerleşimin resmini çiziyoruz.

Adana 87865	Antalya 94743	Bilecik 63973	Çorum 82134	Eskişehir 87321	İstanbul-I 103252	Karabük 69116	Konya 87934	Nevşehir 57240	Sinop 60928	Uşak 73519
Adıyaman 62616	Ardahan 26368	Bingöl 41899	Denizli 88254	G.Antep 76902	İstanbul-II 99572	Karaman 70651	Kütahya 89393	Niğde 62644	Sivas 71952	Van 58199
Afyon 83948	Artvin 51178	Bitlis 48723	D.Bakır 69344	Giresun 64651	İstanbul-III 96964	Kayseri 87309	Malatya 74451	Ordu 85415	Tekirdağ 95087	Yalova 68109
Ağrı 52383	Aydın 92936	Bolu 60077	Düzce 72819	G.Hane 35785	İzmir-I 99017	Kilis 32717	Manisa 96543	Osmaniye 69243	Tokat 69357	Yozgat 51776
Aksaray 68973	Balıkesir 96623	Burdur 53618	Edirne 84432	Hakkari 45020	İzmir-II 104393	Kırklareli 75566	Mardin 62372	Rize 64953	Trabzon 76107	Zonguldak 72127
Amasya 68988	Bartın 56845	Bursa 97575	Elazığ 79874	Hatay 83816	K.Maraş 73414	Kırıkkale 53428	Mersin 93313	Sakarya 81720	Tunceli 24553	
Ankara-I 101083	Batman 63915	Ç.Kale 82716	Erzincan 64563	Iğdır 45601	Kars 45929	Kırşehir 65252	Muğla 93389	Samsun 85138	Ş.Urfa 65971	
Ankara-II 101966	Bayburt 21644	Çankırı 53259	Erzurum 65777	Isparta 62686	Kastamonu 73646	Kocaeli 96672	Muş 59754	Siirt 45843	Şırnak 53027	

Seçim çevrelerine göre oluşmuş Θ değerleri(yerel Θ'lar)

Yerel 'Θ' değerlerinin bulunması esnasında <u>sadece çevrede kullanılan oyların</u> dikkate alınması çok önemlidir. Oysa, YSK'nın izlediği yöntemde bundan çok farklı olarak çevre oylarına yurtdışı ve gümrük oyları belirli oranlar ölçüsünde serpiştirilmekte ve o sayılar baz alarak **d'Hondt** algoritması çalıştırılmaktadır.

Fakat, hangi oran ya da hangi formül kullanılmış olursa olsun yurt dışı ve gümrük oylarının seçim çevrelerine serpiştirilmesi başlı başına bir mantıksal hatadır. Çünkü, buralarda oy kullanan kişiler çok büyük bir olasılıkla kendi yerleşim yerlerinin dışında oy kullanmış haldedirler.

Çelişkiyi birkaç somut soru yoluyla da ortaya koyabiliriz.

Örneğin;

Almanya'daki Sivaslı bir Türk vatandaşının elçilik binasında kullandığı oy nerede değerlendirilmelidir?

Yurt dışında yaşayan Konyalı bir Türk vatandaşı, İstanbul'daki havalimanlarından birinde oyunu kullanıp Türkiye'yi terk ettiğinde bu kişinin oyu niçin <u>kesin</u> olarak Konya'ya ya da İstanbul'a dahil edilmez?

Gümrük oyları, gümrük sahasına sahip liman şehirlerinden veya uluslararası havalimanı olan şehirlerden geldiği halde hangi gerekçeyle tüm şehirler için "yurtdışı ve gümrük oyu" ayrılmaktadır?

85 seçim çevresinde ayrı ayrı d'Hondt algoritmasına göre paylaşımın yapıldığı ve bazı durumlarda çok az farklarla bir milletvekilliğinin partiler arasında gidip geldiği seçimde bu soruların ne kadar kritik sorular olduğu daha nettir. Tüm yurtdışı ve gümrük oylarını önce bir yerde toplayıp, orantıyı bozmayacak parçalar şeklinde ve büyük-

lükleri ölçüsünde seçim çevrelerine serpiştirmek akla yatkın gelebilir; ancak unutmamak gerekir ki, gelen bu oylar bazı çevrelerdeki yarışı yurtdışında güçlü olan parti lehine değiştirecektir. Birçok yerde çok az farklarla geride olan bir parti, yurtdışı oylarının fazlalığı sayesinde rakibinin az farkla önüne geçebilir ve o durumdaki kritik seçim çevrelerinde son sandalyeleri alabilir. Böyle bir senaryo, genel durum üzerinde de gözle görülür çarpıklıklar ortaya çıkaracağından mevcut uygulama aslında Türkiye'deki seçim sistemini doğrudan tehdit eden, fakat uzak ihtimal taşıması sebebiyle göz ardı edilen bir başka risk noktasıdır.

Yurt dışındaki seçmenin doğal olarak zaten Türkiye'deki bir seçim çevresiyle hukuki bağı yoktur, öte yandan bu tip seçmenler için oluşturulmuş seçim çevreleri ve milletvekili listeleri de yoktur. O nedenle, yurt dışındaki seçmen yalnızca genel siyaseti, ideolojiyi gözeterek oy kullanır ve "bölge milletvekili" kavramına yabancıdır. YSK'nın da kabullendiği bu olgu, oyların tüm Türkiye adına toplanarak 85 seçim çevresine büyüklükleriyle orantılı biçimde dağıtılmasını anlaşılır kılmaktadır ve esasen yapılan da budur. Sorun, tek bölge konseptinde yapılan bu uygulamanın sadece yurtdışı oyları için düşünülmüş olması ve getirilen oyların seçim çevrelerindeki yerel oy dengesini bozabilme ihtimali taşımasıdır.

Bu bakışlar nazarıyla, yurt dışı seçmenin kullanığı oyun

seçim çevrelerindeki sandalyelerin paylaşımı (yerleşme) aşamasında dikkate <u>alınmaması</u>, tutarlı olmak adına önemi bir yaklaşımdır.

Her partinin ne kadar sandalye kazandığı önceki adımlarda ortaya çıkmıştı. Şimdi *yerel* Θ değerleri ve partilerin yereldeki oylarını kullanarak ilk yerleşim (esas yerleşimi) başlatıyoruz ve kesinleşmiş vekillikleri tespit ediyoruz.

İşleyişi daha öncekilerle aynıdır fakat yine de bir örnek teşkil etmesi amacıyla **Bursa** seçim çevresindeki esas yerleşimin çözümünü gösterelim.

Bursa'da barajı geçen dört partinin aldığı çevre oyları şu şekildedir.

AKP	CHP	MHP	HDP
975.760	482.124	223.866	74.600

Bursa'da partilerin aldıkları çevre oylarını Θ_{Bursa} değerine bölerek Bursa'daki kesinleşmiş sandalyeleri tespit ediyor ve daha sonraki adımlarda kullanacağımız ondalıklı kısımları buluyoruz.

Tablodan baktığımızda $\Theta_{Bursa} = 97575$ olarak görülebilir. Bölme işlemini buna göre yaptımızda Bursa için bir çeşit ara sonuç buluruz. Bundan sonra başlayacak olan, kalanları yerleştirme turlamalarıyla birlikte Bursa ve diğer seçim çevrelerindeki kalıcı sonuçlar elde edilmiş olur.

Bursa seçim çev	**Oy / yerel Θ**	Ondalık kalan	Kesinleşen sandalye	Kalan sandalye
AKP	10,00	00	10	
CHP	4,94	94	4	
MHP	2,29	29	2	**2**
HDP	0,76	76	0	
Toplam			16	

Bursa'daki ara sonuçlara göre AKP 10, CHP 4 ve MHP 2 milletvekilliğini garantilemiş durumdadır. Ancak, Bursa' nın sandalye kontenjanı 18 olduğundan bu seçim çevresi için dağıtılması gereken 2 sandalye daha var demektir. Bu kalan sandalyeler bir "kalanlar cetveli" üzerinde partilerin o çevredeki artık oylarıyla birlikte gösterilir. Ard arda turlamalar şeklinde gerçekleşecek bir sonraki aşamada bu kalan sandalyeler, diğer seçim çevrelerindeki sonuçlarla etkileşimli olarak değerlendirmeye tabi tutulacaktır.

Bursa'daki bu işlemi diğer seçim çevreleri için de tekrarlıyoruz ve seçim çevrelerindeki esas turun sonucunda dağıtılan toplam sandalye sayısı 412'ye ulaşıyor. Bu sandalyelerin durumu netleşmiştir. Geriye kalan 138 sandalye ise kalanlar cetvelinde, partilerin ondalıklı kalanlarıyla birlikte gösterilecektir.

Partilerin kesinleşen sandalye sayıları ve ikinci turda ilave olarak kazanacağı sandalye sayıları şu şekildedir.

Kesin yerleşen sandalye	Ek olarak yerleşecek sandalye
AKP= 241	AKP= 38
MHP= 32	MHP= 35
CHP= 93	CHP= 50
HDP = 46	HDP= 15
Toplam = 412	Toplam = 138

Kalan sandalyeleri seçim çevrelerine göre yazdıktan sonra son aşama olan ardışık turlamalara başlayabiliriz. Bu seçimlerde sandalye tayinini zorlaştırabilecek ölçüde beraberlik durumları yok, o yönden son yerleşme süreci Güzelya'dakinden daha basit olacak.

Turlamalar eş zamanlı olarak başlayacak ve ilk on beş turda dört parti de büyük kalana sahip oldukları yerlerden birer sandalye alacaklar. On beşinci turun sonunda HDP için seçim bitmiştir, diğer üçü aynı algoritmik mantıkla yerleşmeye devam edecekler ve otuz beşinci turun sonunda MHP, otuz sekizinci turun sonunda ise AKP için seçim tamamlanacak. Geriye yalnızca CHP kalacağı için son 12 sandalye de bu partiye gidecektir.

<table>
<tr><td>26 80 2
26 68</td><td>91 52 3
77 80</td><td>96 29 2
70 05</td><td>52 51 2
91 06</td><td>66 79 2
39 16</td><td>07 72 2
46 73</td><td>26 41 1
32 01</td><td>67 63 2
31 38</td><td>94 57 2
47 03</td><td>18 18 1
62 02</td><td>44 56 2
94 05</td></tr>
<tr><td>55 15 2
57 73</td><td>76 18 2
60 46</td><td>99 05 2
04 91</td><td>28 06 1
47 19</td><td>56 17 2
99 28</td><td>62 14 2
61 63</td><td>34 34 1
31 02</td><td>81 66 2
51 02</td><td>77 58 2
63 02</td><td>57 62 2
77 05</td><td>45 09 1
12 34</td></tr>
<tr><td>26 87 2
84 03</td><td>94 28 2
74 04</td><td>34 06 1
08 51</td><td>44 07 1
18 31</td><td>56 59 2
83 02</td><td>15 86 2
27 73</td><td>06 70 1
13 12</td><td>15 57 2
94 34</td><td>24 48 1
25 02</td><td>29 63 2
81 27</td><td>01 20 1
65 13</td></tr>
<tr><td>10 06 1
05 78</td><td>43 15 2
93 50</td><td>96 34 2
67 03</td><td>20 26 1
51 03</td><td>41 48 1
10 02</td><td>10 50 1
08 31</td><td>34 38 1
25 03</td><td>08 67 2
76 50</td><td>92 42 2
56 11</td><td>06 76 1
14 04</td><td>04 59 1
35 02</td></tr>
<tr><td>20 55 1
23 02</td><td>74 22 2
85 19</td><td>58 62 2
78 02</td><td>84 33 2
77 06</td><td>38 04 1
04 54</td><td>14 51 2
34 99</td><td>85 38 2
71 06</td><td>73 05 1
08 14</td><td>35 17 1
46 02</td><td>14 81 1
01 03</td><td>57 50 2
90 04</td></tr>
<tr><td>59 63 2
76 02</td><td>13 22 1
64 02</td><td>00 29 2
94 76</td><td>75 55 2
25 45</td><td>39 25 2
67 69</td><td>88 06 2
78 28</td><td>92 64 2
42 02</td><td>49 40 2
43 68</td><td>88 88 2
11 12</td><td>24 05 1
57 14</td><td></td></tr>
<tr><td>00 63 2
47 89</td><td>15 03 1
05 77</td><td>64 64 2
63 09</td><td>16 21 1
57 06</td><td>63 26 1
04 07</td><td>09 38 1
46 06</td><td>04 50 1
37 10</td><td>84 92 3
98 25</td><td>89 16 2
89 06</td><td>87 33 2
33 47</td><td></td></tr>
<tr><td>95 01 2
61 43</td><td>51 43 1
04 01</td><td>42 45 1
12 00</td><td>19 88 2
18 75</td><td>21 85 2
89 02</td><td>87 59 2
53 01</td><td>43 28 2
67 63</td><td>03 03 1
04 89</td><td>12 04 1
05 78</td><td>45 05 1
04 46</td><td></td></tr>
</table>

Kalanlar Cetveli

İlk turlamada sırasıyla AKP-CHP-MHP-HDP en büyük ondalıklı değere sahip olduğu yerlerden (cetvele göre Bingöl- Gaziantep- Muğla-İzmir 2) ilk ilave sandalyelerini alırlar.

Bu şekilde Bingöl, Gaziantep, Muğla ve İzmir2 seçim çevrelerindeki artık sandalyelerin sayıları birer azalır.

<table>
<tr><td>99 05 1
04 91</td><td>56 17 1
99 28</td><td>84 92 2
98 25</td><td>14 51 1
34 99</td></tr>
</table>

İlk on beş turlamada genel olarak bir çakışma olmaz ancak on beşinci turda HDP için Adana ve Mersin'de kalan olarak eşit değerler (68) bulunmaktadır. Bu durumda HDP' nin son sandalyesini hangi çevreden çıkarması gerektiği sorusuyla karşı karşıyayız. Bu tip çakışma durumları birçok yerde yine karşımıza çıkacaktır; o nedenle yerleşim önceliğinin tarifini de yeri gelmişken verelim.

1- Partinin birinci olduğu seçim çevresi.
2- İlgili adım sırasında hangi seçim çevresinde daha çok kalanı mevcutsa.
3- En büyük yerel Θ'ya sahip çevre.

Belirlenen statü esasınca birinci madde HDP'ye uymaz, çünkü parti bu iki seçim çevresinin hiç birisinde birinci değildir. İkinci madde de bir çözüm vermez, çünkü 14. adım sonunda hem Adana hem de Mersin birer sandalye kalanına sahiptir. Son olarak yerel Θ değerine bakılır ve daha büyük değere sahip Mersin'den gelecek sandalye ile HDP için turlamalar sona eriyor.

Diğer üç parti turlamalarına devam ederken yaşanan çakışmalarda hep yukarıdaki öncelik kuralına riayet edilir. Buna göre MHP'nin 17-18-19-20 nolu turlamalarındaki yerleşimi sırasıyla Konya− Amasya− Ankara1 − Tekirdağ biçiminde; benzer şekilde CHP'nin 20-21 nolu turlamalarındaki yerleşimi Manisa — Amasya sırasıyla gerçekleşecektir.

Ek yerleşim turlarının sonucunda 138 artık sandalyenin partilere dağılımı tamamlanmış ve hangi partilerden kimlerin parlamentoya gireceği de bu arada netleşmiştir.

Kalan 138 sandalyenin partilere göre dağılımı şu şekilde gerçekleşir.

AKP	Bingöl,Bolu,Bilecik,Ankara2,Artvin,Nevşehir,Kırıkkale, Osmaniye,Antalya,Samsun,K.Maraş,Sakarya,Kastamonu, Ş.Urfa,Kırklareli,Muğla,Edirne,Kütahya,Niğde,Ardahan, Elazığ,Balıkesir,Mardin,Konya,Eskişehir,Çanakkale,Iğdır, Zonguldak,İstanbul2,G.Antep,Adıyaman,Çorum,Bayburt, Mersin,Van,Şırnak,Diyarbakır,Kocaeli.
CHP	G.Antep,Muğla,Bursa,Malatya,Uşak,Aydın,Çorum, Zonguldak,Isparta,Samsun,Balıkesir,Afyon,Giresun, Tekirdağ,Burdur,K.Maraş,Edirne,Sivas,Antalya,Manisa, Amasya,Artvin,Kırklareli,Bilecik,Kocaeli,Hatay,Bolu, Yalova,Bartın,Sinop,Ankara2,İstanbul2,Ardahan,Erzincan, Tunceli,Osmaniye,Düzce,Adana,Aydın,Bitlis,Çankırı, Denizli,Gümüşhane,Hakkari,Karabük,Karaman,Kars,Kilis, Rize,Ş.Urfa.

MHP	Muğla,Sakarya,Erzurum,Afyon,İstanbul3,Isparta,Trabzon, Adana,Eskişehir,Tokat,İstanbul1,Kayseri,Manisa,Kütahya, Kırıkkale,Çanakkale,Konya,Amasya,Ankara1,Tekirdağ, Sivas,Burdur,Yozgat,Kastamonu,Giresun,Niğde,Malatya, Nevşehir,Uşak,Aksaray,Elazığ,İzmir2,İzmir1,Kırşehir, Ordu.
HDP	İzmir2,Bingöl,Muş,Ankara1,Antalya,Siirt,Ağrı,Batman, Bursa,Erzurum,Adıyaman,İstanbul1,İstanbul3,Hatay, Mersin.

AKP'nin otuz sekizinci turlamada yerleşimini tamamlamasından dolayı CHP turlarda yalnız kalıyor ve kalan 12 sandalyenin hepsini alıyordu. Çok az oylar aldığı Rize ve Şanlıurfa'dan birer milletvekili kazanmasının sebebi budur. CHP'nin Aydın seçim çevresinden 2 ilave sandalye almasının nedeni de aynıdır.

Tek Bölge Formülasyonuna göre sandalye dağılımı ve yerleştirme işlemleri kesin olarak sona ermiş bulunmaktadır. Aşağıdaki tablodan partilerin seçim çevrelerine göre çıkaracakları milletvekili sayıları toplu olarak görülebilir.

	AKP	CHP	MHP	HDP		AKP	CHP	MHP	HDP		AKP	CHP	MHP	HDP
Adana	5	5	3	1	Erzincan	1	1	0	0	Mardin	2	0	0	4
Adıyaman	4	0	0	1	Erzurum	4	0	1	1	Mersin	4	3	2	2
Afyon	3	1	1	0	Eskişehir	3	2	1	0	Muğla	2	3	1	0
Ağrı	1	0	0	3	Gaziantep	8	2	1	1	Muş	1	0	0	2
Aksaray	2	0	1	0	Giresun	2	1	1	0	Nevşehir	2	0	1	0
Amasya	1	1	1	0	Gümüşhane	1	1	0	0	Niğde	2	0	1	0
Ankara-1	8	6	3	1	Hakkari	0	1	0	2	Ordu	3	1	1	0
Ankara-2	8	4	2	0	Hatay	4	4	1	1	Osmaniye	2	1	1	0
Antalya	6	5	2	1	Iğdır	1	0	0	1	Rize	2	1	0	0
Ardahan	1	1	0	0	Isparta	2	1	1	0	Sakarya	5	1	1	0

EN DEMOKRATİK ARİTMETİK

	AKP	CHP	MHP	HDP		AKP	CHP	MHP	HDP		AKP	CHP	MHP	HDP
Artvin	1	1	0	0	İstanbul-1	15	10	3	3	Samsun	6	2	1	0
Aydın	2	4	1	0	İstanbul-2	14	8	2	2	Siirt	1	0	0	2
Balıkesir	4	3	1	0	İstanbul-3	15	9	3	4	Sinop	1	1	0	0
Bartın	1	1	0	0	İzmir-1	4	6	2	1	Sivas	3	1	1	0
Batman	1	0	0	3	İzmir-2	4	6	2	1	Şanlıurfa	8	1	0	3
Bayburt	2	0	0	0	K.Maraş	6	1	1	0	Şırnak	1	0	0	3
Bilecik	1	1	0	0	Karabük	1	1	0	0	Tekirdağ	2	3	1	0
Bingöl	2	0	0	1	Karaman	1	1	0	0	Tokat	3	1	1	0
Bitlis	1	1	0	1	Kars	1	1	0	1	Trabzon	4	1	1	0
Bolu	2	1	0	0	Kastamonu	2	0	1	0	Tunceli	0	1	0	1

273

	AKP	CHP	MHP	HDP		AKP	CHP	MHP	HDP		AKP	CHP	MHP	HDP
Burdur	1	1	1	0	Kayseri	6	1	2	0	Uşak	1	1	1	0
Bursa	10	5	2	1	Kırıkkale	2	0	1	0	Van	3	0	0	5
Çanakkale	2	1	1	0	Kırklareli	1	2	0	0	Yalova	1	1	0	0
Çankırı	1	1	0	0	Kırşehir	1	0	1	0	Yozgat	3	0	1	0
Çorum	3	1	0	0	Kilis	1	1	0	0	Zonguldak	3	2	0	0
Denizli	3	3	1	0	Kocaeli	7	3	1	0					
Diyarbakır	3	0	0	8	Konya	11	1	2	0					
Düzce	2	1	0	0	Kütahya	3	0	1	0					
Edirne	1	2	0	0	Malatya	4	1	1	0					
Elazığ	3	0	1	0	Manisa	4	3	2	0					

GENEL SEÇİMLERDE DÜŞÜNCE SİSTEMİ DE GENEL OLMALIDIR

Tek Bölge Formülasyonunda "bölge partisi" kavramı katiyyen kabul edilemez... Formülasyon, bu kavramı en başından reddeden bir anlayışla tasarlandığı için ulusal parlamentolarda siyasi partilerden beklenen, tüm seçim çevrelerinde liste ilan etmeleridir. Liste ilanı yapabilmeleri için ise tüm çevrelerde örgütlenmeleri şart; aksi halde çarpıklık, adaletli temsil noktasında değilse bile çevrelerdeki dağılım noktasında yaşanabilmektedir.

Bir parti, turlamaların en sonuna kalarak kazandığı sandalyelerin seçim çevrelerinde hiç aday listesi sunmamış ve bu yüzden "sıfır" oy çekmiş de olabilir. Parti o seçim çevresinden bir vekil adayı gösteremediği için söz konusu sandalyeyi kazanacakken kaybeder; fakat bu sefer de meclis genel kurul sayısı 550'nin altında kalır. Böyle bir kazanın meydana gelmemesi, tüm seçim çevrelerinde eşit rekabet koşulları sağlanmasına da bağlıdır.

Genel seçimlerde yarışan milletvekili adayları her ne kadar kendi bölgelerinin sorunlarını ve önceliklerini gözetmek için halktan söz hakkı talep ediyor olsalar da, esasen onlar ülke geneli adına söz hakkı talep eden genel temsilcilerdir ve *yerellik* burada ikinci derecede bir önem taşır. Diğer yandan, mahalli idare seçimleri için ise bunun tam tersi söz konusudur.

Bu ince ayrımdan da anlaşılacağı üzere genel seçimler gündeme geldiğinde hem söylemlerin hem de dağılım algoritmasının, bir başka deyişle siyasetin ve matematiğin bütünü kapsayacak nitelikte olması gerekir.

LÜGATÇA

Açıklık : Rasgele verilmiş bir sayılar topluluğunda en büyük sayı ile en küçük sayı arasındaki fark.

Alabama paradoksu: Bir seçim çevresindeki sandalye kontenjanının artmasına ve oy miktarının korunmasına rağmen daha önce kazanılan bir sandalyenin kaybedilmesi çelişkisidir. Alabama paradoksu, negatif ağırlıklı oy kavramıyla benzerlik taşır.

Ara sonuç: Partilere göre sandalye sayısının ortaya çıktığı ancak çevrelere göre sonuçların yani yerleşme sonuçlarının henüz netleşmediği geçici sonuç.

Artık oy: Parti oyları seçim kotasına bölündüğünde elde edilen kalan, bir sandalye kazanabilecek kadar yüksek olmayan oy.

Bader-Ofer: İsrail'de seçimlerden önce partilerin kendi aralarında yaptığı ikili protokol. Protokol uyarınca partiler toplam oylarının fazlalığına göre son kalan sandalyeleri alırlar.

Catch-All parti: Marjinal eğilimlerle arasına genelde bir sınır koyarak merkeze yakın konumlanan, özellikle siyasal kriz dönemlerinde ön plana çıkarak tüm kesimlere eşit mesafede duran ve oy alma potansiyeli hepsinden aynı derecede olan parti. (Türkçe karşılık önerisi: Kapsayıcı parti)

Doğrudan demokrasi: Az nüfuslu küçük yerleşim yerlerinde halen geçerli olabilen fakat günümüzde çok nadiren görülen demokrasinin ilk ve en yalın hali. Atina Şehir Devleti'nden tanınan bu demokrasiye göre vergi ödeyen tüm vatandaşlar parlamentonun doğrudan birer üyesidirler.

Düzeltme faktörü: Adaletli sandalye dağılımını gözeten bir seçim sisteminde aldığı oy oranının altında sandalye kazanan partiye ilave sandalyeler vererek genel dağılımı dengeleme, düzeltme durumu. Tek Bölge Formülasyonunda düzeltme faktörüne gerek kalmaz.

Ek sandalye: Bölme işleminin neticesine göre yuvarlama yapılırken ondalıklı kısmı sayesinde partinin kazandığı ilave sandalye. Ek dağıtım.

Ek yerleşim: Çevre esaslı yerleştirmelerde kalanlar cetvelindeki sandalyelerin, eş zamanlı ardışık turlamalar yoluyla ve yerel Θ değerleri ölçü alınarak tahsis edilmesi prosedürüdür. Kitabın beşinci bölümünde bunun nasıl yapıldığı gösterilir. (bkz. say: 265-271)

En yüksek ortalama yöntemi: Belirli bir kota kullanmaktan ve artık oylarla uğraşmaktansa parti oylarını sayı dizilerine bölen ve her defasında en büyük bölüme sahip olan partiye bir sandalye veren yöntemlerin genel adı. Çeşitli tipleri mevcuttur. Bu yöntemlerden en bilineni Türkiye'de de uygulanmakta olan d'Hondt yöntemidir.

Eş seçim çevreleri: Eşit sayıda seçmene ve sandalye kontenjanına sahip seçim çevrelerine verilen ad. Güzelya'daki seçim çevreleri bunun en güzel örnekleridir; Birleşik Krallık ve Almanya'daki tek isimli seçim çevreleri ise ideale yakın olan diğer örneklerdir.

FPTP: First Past The Post, çizgiyi ilk geçen kazanır anlamına gelen ingilizce tabirin beynelmilel kısaltması. Türkçe karşılığı basit çoğunluk; adaylardan veya listelerden en çok oyu alanın kazandığı seçim.

Gensoru: Parlamentocu sistemlerde meclisin hükümeti denetleme araçlarından en etkili olanıdır. Gensoruda güvensizlik oyları salt çoğunluğa ulaştığında hükümet düşmüş olur. Bazı durumlarda sadece kabinedeki bir bakan için de gensoru verilebilir.

Gerrymandering: Seçim çevrelerinin bir partinin menfaatine olacak şekilde düzenlenmesi işidir. Genellikle seçim çevreleri üzerinde yapılan stratejik daraltmalar yoluyla kendisini belli eder.

Homojen seçim çevresi: Seçim çevresinin tüm alt birimlerindeki sonuçların birbirleriyle aynı veya çok yakın olması.

Hung Parliament: Seçim sonuçlarına göre hiçbir partinin tek başına iktidar olacak çoğunluğu yakalayamadığı, koalisyon veya azınlık hükümeti seçeneklerini gündeme getiren parlamento kompozisyonu.

İki dereceli seçim: Seçmenlerin başkanı veya muadili birisini doğrudan değil, vekilleri aracılığıyla seçtiği seçim türüdür. Seçmen doğrudan başkanı seçmez, başkanı seçecek vekil kişileri seçer. ABD Başkanlık seçimleri ve 2014 yılına kadarki Türkiye Cumhurbaşkanlığı seçimleri buna örnek verilebilir.

İterasyon: En uygun sayısal aralığı tespit edilebilmek için ardı ardına yinelemelerin yapıldığı istatistiksel bir araç. Almanya'daki genel seçimlerde, iterasyonlar sonucunda elde edilen uygun aralıklardan seçilecek sayılar, sandalye hesaplamalarında ölçü olarak kullanılır.

Kalanlar cetveli: Kalanlar matrisi olarak da ifade edilen, kalan boş sandalyelerin ve partilerin artık oylarının birlikte gösterildiği tablo. Turlamalar bu tabloya göre eş zamanlı olarak başlatılır.

Liste usulü çoğunluk sistemi: Bir seçim çevresinde oyların en fazlasını alan partinin o çevredeki tüm sandalyeleri aldığı seçim sistemidir.

Milli Bakiye Sistemi: Bütün artık oyların değerlendirilmesini ve böylece partilerin aldıkları oy nispetinde parlamentoya girmesini mümkün kılan oldukça adaletli bir seçim sistemi. 1965 Türkiye genel seçimlerinde bu seçim sistemi kullanılmıştır.

Negatif ağırlıklı oy: Diğer tüm koşulların aynı kaldığı bir ortamda, bir partinin artan oy miktarına rağmen kazandığı sandalye sayısının düşmesi çelişkisidir.

Nispi temsil: Adaletli sandalye dağılımını önceleyen, partilerin aldıkları oy oranına göre parlamento ağırlığını ayarlayan seçim sistemlerinin ortak adıdır. Çoğunlukçu sistemlerin tersi bir sistemi işaret eder, Tek Bölge Formülayonu da bir çeşit nispi temsil sistemidir.

Power fusion (Fusion of powers) : Parlamenter demokrasilerde yasama ve yürütmenin kaynaşması, iç içe geçmesi yani iktidar partisinin yürütmenin yanı sıra yasamayı da elinde tutması anlamına gelir.

Sadakatsiz seçmen: İki dereceli seçimlerde başkanı seçmesi için kongreye, seçiciler kuruluna gönderilen vekillerin taahhüt ettiklerinin tersi yönde oy kullanmaları.

Standart sapma: Bir sayılar topluluğunda, sayıların aritmetik ortalamadan uzaklığını gösteren istatistiksel bir kavram. Standart sapmanın sıfır olduğu bir sayı dizisinde tüm sayılar ve dolayısıyla aritmetik ortalama aynıdır. Standart sapma büyüdükçe sayılar birbirinden uzaklaşmaya ortalamadan sapmaya başlarlar. Standart sapma negatif bir değer alamaz.

Seçiciler Kurulu: İki dereceli seçimin ikinci aşamasının yapıldığı, başkanın seçildiği kurul.

Seçim kotası(Θ): Geçerli oyları dağıtılacak sandalye sayısına oranlayarak elde edilen sayıdır. Seçim sabiti de denilir. Çeşitli versiyonları kullanılmaktadır: Hare kotası, Droop kotası, Hagenbach-Bischoff kotası, Imperiali kotası ...
Tek Bölge Formülasyonunda da bunun yaygın olan versiyonu, Basit kota (Hare) kullanılmaktadır.

Turlama : Partilerin eş zamanlı olarak en çok oy aldıkları çevrelerden başlamak suretiyle yerleşmesi eylemi. Turlamalar bittiğinde yerleşim tamamlanmış, hangi partinin nerelerden ne kadar milletvekili çıkardığı belli olmuş olur. Tek Bölge Formülasyonunda turlamalar, algoritmada önemli yer tutar.

Westminster demokrasisi: Birleşik Krallık'taki parlamenter demokrasiyi kategorize etmek için kullanılan tamlama. Anglo-Sakson ülkeleri ağırlıklı olarak bu kategoride görülür.

Temsili Demokrasi: Demokrasinin dünyanın birçok ülkesinde görülen en yaygın hali. Temsili demokrasilerde halk, serbest seçimler yoluyla ve belirli bir süre için temsilcilerini seçer.

Yerleşme: Tek Bölge Formülasyonunda partilere göre sandalye sayısı belli olduktan sonra onların çevrelere göre dağılımını belirleyen algoritma. Yerleşim algoritması turlamalar biçiminde dalga dalga ilerler, çakışma olması durumlarında önceden belirlenmiş kurala göre davranılır. Ek yerleşim prosedürü ile yerleştirme işlemleri son şeklini almış olur.

Ziyan edilmiş oy: Baraj altında kalan partilerin oyları, seçilen bağımsız adayların fazla oyları ve kaybeden bağımsız adaylara veriler oylar gibi hesaplama dışında bırakılan tüm oyların genel adı. Ziyan edilmiş oyların temsil karşılığı ya yoktur ya da bu oylar temsil fazlasıdır. Her iki durum da belli bir seviyeyi aştıktan sonra temsil adaletini olumsuz etkiler.

KAYNAKÇA

BALL, Terence; DAGGER, Richard (2016) / Political Ideologies And The Democratic Ideal/Routledge

DANCİSİN, Vladimir (2014) / Negative Vote Weight And The No-Show Paradox In Party List Proportional System/ Institute of Political Science of Presov University

ERDOĞAN, Murat (2013)/ Seçim Sistemleri İle Siyasi Partiler Arasındaki İlişkiler/Gazi Üniversitesi, Ankara

HARKOV, Lahav / With Bader-Ofer Method, Not Every Ballot Counts/ The Jerusalem Post(March 2015)

KATZ, Richard S. (1997)/ Democracy and Elections / Oxford University Press

KUM, Afşin / Temsilde Hata Olmaz / Fabrika Mağazası; www.afsinkum.com (2010)

YILMAZ, Mutlu / Meşru Meşrutiyete Boşgeldiniz/ Haber Milli Hakimiyet (Kasım 2105)

YILMAZ, Mutlu / Son Haftaların En Rüküş Kombini/ Haber Milli Hakimiyet (Temmuz 2015)

<u>Sayısal Veriler İçin Kaynakça:</u>

https://www.bundeswahlleiter.de/bundeswahlleiter.html

http://knesset.gov.il/description/eng/eng_mimshal_res.htm

http://www.ysk.gov.tr/

https://www.dst.dk/valg/Valg1487635/valgopg/valgopgHL.htm

https://www.dst.dk/valg/Valg1487635/valgopg/valgopgStor10.htm

http://eciresults.ap.nic.in/PartyWiseResult.htm

http://divulga.tse.jus.br/oficial/index.html

http://g1.globo.com/politica/eleicoes/2014/blog/eleicao-em-numeros/post/pt-e-pmdb-encolhem-mas-mantem-maiores-bancadas-no-congresso-psdb-cresce-na-camara.html

https://www.kiesraad.nl/

http://researchbriefings.parliament.uk/ResearchBriefing/Summary/CBP-7979#fullreport

DİZİN

H

Hagenbach-Bischoff   139, 144, 224, 282
Haklar Yasası   154
Halk Meclisi   209
Hare kotası   90, 229, 234, 282
Hare-Niemeyer   221
homojen seçim çevresi   49, 244, 280
hung parliament   160, 280
hükümet bunalımı   18, 92, 113

I

INC *(ayr.bkz. Kongre Partisi)*   101, 104, 105

İ

iki buçuk parti   157, 197
iki dereceli seçim   84, 85, 280, 281, 282
iki partili yapı (ikili yapı)   117, 118, 156, 160, 163, 206
İkinci Meşrutiyet   67
ikincil oylar   173, 175, 177, 178, 194, 195
informateur   137
İnsani Gelişmişlik Endeksi   209, 210, 212, 213
İskoç Ulusal Partisi   166, 169, 170

İşçi Partisi *(İngiltere)* 155-157, 159, 163, 169, 170, 197
iterasyon   176-181, 185, 280

J

Janata Partisi   101, 104

K

kabine sistemi   68, 69, 73
Kanun-i Esasi   67
kararsız seçmen   21
katılım oranı   89, 91, 105, 106, 124, 125, 136, 163, 210, 211, 254
Knesset   139, 141, 142, 143, 144, 148, 150, 151, 152, 285
kohabitasyon   120, 121
Kongre Partisi   101-104, 106
kurucu meclis   240
kuvvetler ayrılığı   18, 68, 69, 71

L

LDP *(Japonya'nın Liberal Partisi)*   125, 126, 127, 128, 129
Liberal Parti *(İngiltere)*   124, 155, 157, 159, 160, 162, 197
liste usulü çoğunluk   238, 280
liste indikatörü   144, 145

Sainte-Laguë/Schepers 177,
    181, 183, 221
Sartori 114-116
seçiciler kurulu 84, 88, 108,
    110, 113, 114, 127, 281, 282
seçim karnesi 212
seçim kotası (seçim sabiti)
    77, 79, 95, 144, 169, 219, 225,
    249, 257, 282
senato 84,121, 122, 204, 205
Shinzo Abe 126
Shugiin 122, 126, 127, 129
sosyal etki 259
SPD *(Almanya'nın merkez sol
partisi)* 177-180, 182, 183,
    186, 189-192, 196-199,
    201, 218-223

standart yerleşim 261
standart sapma 54, 136, 147,
    148, 150, 282
Süleyman Demirel 113

T

TBMM 70, 78, 79, 87, 118,
    119, 120, 207, 248, 249, 254,
    259
temsili demokrasi 15, 53, 96,
    136, 208, 283
tek turlu tek isimli 103, 104,
    108, 156, 171

tercihli oy 97, 248
Tory 154
Trump 88
Türk Tipi Başkanlık 119
Tweede Kamer 131, 132, 136

U

ulusal baraj *(bkz.ülke barajı)* 40,
    70, 85, 130,131, 139, 146,
    147, 150, 151, 168, 175, 188,
    197, 240, 249
ulusal Θ 261

Ü

überhangmandat 181, 222
ülke barajı *(bkz. ulusal baraj)* 32,
    70, 163, 164, 194
üniter 55, 56, 61, 89

V

Vestfalya Barışı 154

W

Westminster demokrasisi 156,
    200, 282
Westminster modeli 103, 153,
    156, 172